教育経営入門

学校の実践事例を中心に

宮田　進／片山世紀雄［著］

KYOIKU KAIHATU
教育開発研究所

はじめに

本書は、学校に勤務するすべての教職員が「学校経営感覚」を意識して教育活動に参加してほしいことを願うものである。学校に勤務する教職員には、直接子どもの指導に携わる者、子どもの指導に携わる者に協力したり支援したりする職種の者がいる。かつて職種による学校経営上の対立を経験した。学習者には不幸なことであった。職種は異なっても、「学校経営の一翼を担っている」という意識の高揚を図ることが大切である。

学校の管理職を含めた教育行政と学校に勤務する教職員団体の間で、時には賃金をめぐる闘争、勤務条件の改善を要求する闘争、教育活動の理念に関する闘争等を経験した。

その結果、学習の主体者である子どもに迷惑や混乱を与えても、幸福感、満足感、達成感を与えることは少なかった。そのような時代背景のなかで、教育の「不易と流行」という言葉がつかわれるようになった。

社会がどのように変化しようとも、変化の速度が増しても「人間が人間を、人間らしく育てる基礎・基本」があるはずである。教職に携わった先人のなかに、「教育の不易とは『教授・感化・陶冶』である」と説明している者がいる。また、「社会の変動が少なく社会が落ち着いている時は、現状を維持しようとする文化の『保守機能』が優先的に働き、社会の変化が激しい場合は既存の文化を革新し、新しい文化を創造しようとする『革新機能』が優先する」と言われている。

本書では、まず「学校の役割」は何かについて、その基本を「人間の成長に必要な教育のあり方」として、人間と他の動物の成長比較、人間の歴史の推移による教育の多様化・専門化等の推移を考察する。また、学校に経営感覚が求められるようになって久しいが、健全な学校経営を維持する条件や雰囲気を学習者の立場、指導者の立場、財政的な立場から検証を試みている。

次に学校を経営する教職員について、経営感覚を磨くとは何か、専門職としての教員の資質向上を図る要因、学校に勤務する教職員の資質向上を図る手立てを探ることにする。

学校は子どもの健全な発達と成長を図る大切な機能を持っている。そのための教育課程が意図的・計画的に編成されている。学校だけが子どもの健全育成、成長機能を指導・教育しているわけではないが、大きな期待がかけられているのも事実である。子どもの保護者や、創設以来学校に期待し協力してきた地域に応える学校でありたい。そのための方策として、教職員の「経営を意識した」分掌処理、教職員間の理解意識、意欲対応、態度やコミュニケーション能力を育てることが望まれる。結果として、学校経営意識は教職員一人ひとりのモラールの高揚に結びつくと考えられる。

最近は、学習指導要領の改訂により、学習指導時間に「ゆとり」が少なくなったとの声をよく聞く。地域の状況を考慮し、子どもの実態を勘案して教科指導や道徳、特別活動、総合的な学習の時間の学習指導計画を作成すると、自由裁量の時間はほとんどないのが実状である。

このような状況であるのに加えて、校外から教育課題が次々と持ち込まれる。教育課題によっては、学習時間の特設が必要だという。教育課題への対応は学習時間によって解決する方法もあろうが、教職員の学校経営意識により解決することが望まれる。学校評価についても、教職員の学校経営感覚が重要な評価要因となる。このことについても考察を試みたい。本書では上記のねらいを達成する試みとして、主に学校経営意識の醸成をできるだけ具体的に分かりやすく解説したい。

末筆ながら、本書の刊行にご尽力いただいた教育開発研究所に感謝する。また、校正については労を厭わず進めていただいた関係各位に御礼を申し上げる。

平成二四年三月

宮田　進／片山世紀雄

目次

1　学校の役割とは

(1) 人間の成長と教育

●都井岬の野生馬、青森県下北の寒立馬にみる野生馬の誕生——生きる力

宮崎県の都井岬や青森県の下北半島には、自然のなかでたくましく生きている野生馬がいる。この野生馬は母親から生まれると早ければ誕生日に、遅くとも数日のうちに歩行し始める。しばらくは母乳に頼って生活するが、やがて野草を食べるようになる。自然に生きる野生馬は人間が飼育している馬と違って、食べられる野草を自分で選択して食べているという。

人間以外の動物、たとえば自然に生活する野生馬の誕生を観察すると、誕生したばかりの野生馬にはすでに生活能力が備わっていることが分かる。草食動物は、天敵である肉食動物から身を守るために、成熟した子どもを生むように進化したといわれている。だが、都井の野生馬も下北半島の寒立馬も、子どもが生まれた周囲の環境に天敵動物がいないのに、誕生とほぼ同時に歩行ができる。競走馬のように人間に温かく保護されている馬でも、同様の様子が観察されるという。

競走馬は、母馬より人間が真剣に子育てをしている。馬は与えられた食べ物に何ら疑いを持たずに食べているのだろう。その点、野生馬は野草をどのように食べているのであろうか。栄養価のある野草を食べ、毒草や害になる野草を避けて食べていることだろう。生まれたばかりの馬は、「母親と同じ野草を食べる」ことを真似るよう教育を受けているのであろうか。それとも「遺伝」により、生まれながらに身につけている資質なの

であろうか。生後間もない野生の子馬が亡くなった話はあまり聞かないので、何らかの遺伝作用または教育作用が行われているのであろう。

馬に限らず、私たちの身の回りには犬や猫などの野生化している動物もいる。これらの動物は、子どもの生誕にあたって人間の力を借りなくとも、立派に子育てをしている。母親の母乳を除けば、誕生したばかりの子どもが自分で生きていく能力を持っているように思われる。遺伝の作用のようにも思われる。

●未熟な状態で誕生する人間と教育の必要性——学習力を持つ誕生児

野生動物に比べて、人間は母親の胎内から未熟な状態で産まれてくる。誕生後すぐの歩行はまったくできない。手も、握る動作以外は何もできない。自分の意のままに手足を動かせるようになるには、生後一年以上かかるのが普通である。

視覚、聴覚、嗅覚などの五感は生まれながらに備えているが、まだ十分には機能しないものもある。生まれてすぐにできることといえば、泣くこと、母親の母乳を飲むこと、排泄をすることぐらいであろう。いずれにしても、生誕当時の人間は親をはじめ多くの人々の支援がなければ成長できない。

人間が人間以外の動物と大きな違いがあるのは、「人間は成長の過程で母親をはじめ多くの人々の支援」を受けていることである。この支援を受けることを通して学んでいる。人間は、生誕から小学校に入学するころまで衣食住すべての支援を受ける。支援を受ける行為を学びと捉えて成長しているのである。

人間が他の動物に比べて、あまりにも未熟に生まれるようになった理由として、頭脳の大きさが影響しているといわれる。母親の胎内で頭脳が成長を続けるが、その限界を超えると分娩に危険が伴う。長い人間の歴史のなかで、生誕後の頭脳の活躍とその後の行動を対比した場合、人間は未熟に生まれても頭脳の発達を優先するように進化したのかもしれない。

●誕生児への影響――親からの遺伝、環境からの影響

人間について、他の動物と比較してその特徴を調べると、つぎのようなことが考えられるという。

＊人間は知恵を持っている……………ホモ・サピエンス　Homo sapiens
＊人間は直立できる…………………ホモ・エレクトス　Homo erectus
＊人間は相手に通じる言語を持っている………ホモ・ロクエンス　Homo loquens
＊人間は社会を構成できる……………ホモ・ソシアリス　Homo socialis
＊人間は「遊び」を知っている…………ホモ・ルーデンス　Homo ludens
＊人間は物を作ることができる…………ホモ・ファーベル　Homo faber
＊人間は政治ができる…………………ホモ・ポリテックス　Homo politicus
＊人間は経済活動ができる……………ホモ・エコノミックス　Homo economicus
＊人間は自然の開発や自然との調和をする……ホモ・ナチュラリス　Homo naturalis
＊人間は宗教心を持てる………………ホモ・リリギュオス　Homo religious
＊人間は愚かな行為をする……………ホモ・ストゥルトゥス　Homo stultus
＊人間は悪魔になる者もいる…………ホモ・デモニクス　Homo demonicus

（出典・牧昌見『教育基礎論』聖徳大学出版部）

人間には上記のような特性がある。もちろん、人間なら、誰もが持っているわけではなく、ある人はそのうちの大部分をもちあわせ、ある人は該当項目がわずかであるかもしれない。

人間が成長する過程で、親の遺伝を強く受けたものもあり、成長過程で環境からの影響によるものもある。人間以外の他の動物が、親からの遺伝や本能を受けついで成長するのに対して、人間は遺伝にも影響を受けるが、多くは環境からの影響を受けて成長することを調査研究した先人の文献を紹介しておきたい。出典は『教育基礎論』（牧昌見著、聖徳大学出版部）である。

＊アヴェロンの野生児

フランス南部のアヴェロンで一七九七年に発見され、当時一二歳と推定された少年は、森の中で孤立した生活をしていたが、青年医師イタールの五年間にわたる人間性回復のための努力の結果、無感覚とみられていた触覚と味覚に改善が、また、単語・文と事物を結びつける学習に成果があったという。

しかし、聴覚の改善は見られなかったほか、話ことばの修得はなく、限界期と考えられた。

＊狼少女アマラとカマラ

一九二〇年に印度で発見された。推定年齢一歳六ヵ月と八歳の少女は、二人とも四つ足で歩き、生肉を食べ、うなり声をあげ、言葉はなく、夜行性で、狼そのものであった。アマラの方は間もなく死んだがカマラは九年間に二足歩行、簡単な仕事などの基本的な生活習慣、悲しみや喜びの感情を身につけたという。

ただ生得的と考えられていた二足歩行は学習の成果であることが分かったし、狼の中で育てば、狼にもなれるという意味では、人間の可塑性を示すものである。

●誕生してから成長に伴う教育の必要性

＊成長に伴う課題

人間は常に発達を続けている。母親のお腹で受胎してから消滅するまでの間、絶えず発達を続けている。最近では発達と成長を区別する場合もあるが、これまで、人間の成長は一般成人（人生の壮年期）までで、それ以後は、発達はするが成長は止まると考える場合があった。

しかし、今日では、学習指導要領でも示されたように、「学校教育は生涯学習の一部分」との考えが定着し、人間は生涯にわたって「発達」し続け、「成長」をし続けるとの考えが一般的となった。

人間の発達については、アメリカのロバート・J・ハヴィガーストが「*Developmental Tasks & Education*」（荘司雅子監訳・沖原豊他訳『人間の発達課題と教育』玉川大学出版部）で述べている。彼はここで、人間の発達を幼児期・児童期・青年期・壮年期・老年期に区分している。

ここで注目したいことは、彼の実証的研究によって、「人間が、各発達段階で果たさなければならない課題を、それを果たさなければ、次の発達段階の課題解決が難しくなる」と提唱していることである。

＊人間が作りあげてきた文化の継承に必要な教育

人間は、どこの国でも地域でも、そこに形成される社会の一員として、自分の価値観が認められ、社会に貢献するために文化を築いてきた。その文化には、「知識」「宗教」「信仰」「芸術」「技芸」「道徳」「法律」等が考えられる。教育は同じ次元の社会で、これらの文化を同時的に共有するための手段として必要なものである。また、後の世、後の世代に継承し伝達するには、文化が持つ「思考」「感情」「行動」が必要だが、そのためには教育の力が必要となる。

⑵　学校が必要になった背景

●古代の狩猟・農耕時代の教育

古代では、子どもの教育をどのように行っていたのであろうか。

古代人にとって、最も大切なことは「食料の確保」であった。食料のある場所を探し、その目的地へ移動して食料を確保するのが日課であったであろう。生活経験が豊かな古老や成人は食料がどこにあるのか、今日の食料は何かなどを知っている。子どもは大人の活動を観察するのが仕事であり、学習であった。

食料を確保するのに、移動して探さなくとも安心できる時代がようやくきた。食料採集時代から定着農耕時代へ変わるのに膨大な時間がかかった。古代人が食料採集を中心とする生活とともに、安住の地である住居を確保する学習が、何代もの世代交代を通して行われた。その間、徐々に定住生活へと、移動したのである。

定着農耕の代表が「稲作」である。定着して生活できるようになった。稲作が全国に広まっていったのは、稲作をしている人々の生活が狩猟生活より安定した生活であることを見て、「真似た」からである。

大人が水田を開鑿するのを子どもは手助けしたことであろう。大人の指示で種まきや稲刈りの仕事をしたことであろう。「種まき」も「稲刈り」も大人のする様子を見て、子どもは「真似る」のである。

「真似る」活動を修得するには、長い時間が必要であり、環境が整っていることが大切である。「真似る」学習を通して大人へと成長していったことであろう。たとえば、「石包丁」のつくり方、使い方は苦労の連続が考えられる。「真似る」活動だけでできるわけではない。大人（親）につくり方の模範を示してもらい、何度も練習し、やがて自分の「石包丁」が完成したのであろう。稲穂を刈り取る鋭利な断面が必要である。石を割って偶然できた断面より、意図的に鋭利な断面を摩擦によってつくる方が確実であることを知るのも、大人（親）がつくるのを見て、真似たのである。

石包丁をつくるのに、適当な石を探すのも「真似る」のである。石の割り方によって鋭利な断面をつくる作業も「真似る」のである。石を割るより時間がかかっても、磨いたものの方が稲刈りに適していることを、大人がしていれば、それを「真似る」のが子どもの学習であり、大人が子どもにする教育でもある。

●古代ヨーロッパの教育

古代、人が家族単位を中心として狩猟をしたり、農耕を始めたばかりの時代には、教育を意識していなかったであろう。やがて生活基盤が安定するようになると、国家社会が建設されるようになる。そして、古代国家を維持するのに教育が必要になった。

国家社会の教育には二つの側面があったようだ。国家を維持する、その国家を強固なものにするための教育がある。もう一つの側面は、国家社会の一員としての人間の理想像に迫る教育が考えられる。教育は古代において、すでに目的が明確になっていた。この考え方は人間の歴史を通して現代にも通じる教育の基本である。

前者の「教育は国家社会のために、国家の発展や強固な国家を維持するため」との考え方は、やがて社会主義の国家に通じる。また最近、民主化等の運動で国家体制が崩れている国家があるが、そのような国王や国家が優先する国家を建設する基となった。このような社会での教育には、全体主義や画一主義の考えが根底にある。また後者の「社会の一員として、まず教育を通して豊かな教養、豊かな個性を身につける」ことについては、この考え方に基づく国家は自由主義を標榜し、人間の個性を重視し、保証して、自由で多様な国家として発展している。

古代ギリシャ・ローマ時代をみると、たとえば、古代ギリシャでは、国民が自由民と奴隷に分かれるが、自由民は豊かな教養を身につける教育を受けていた。一方奴隷には教育を受ける機会はなかったと思われる。ギリシャの自由民は人権として教養も身につけたが、近隣国との関係で国家を維持する強力な軍隊も必要であった。この軍人には個人的な教養よりも軍人としての資質を高める教育、強固な体力や危機に際して勇気を発揮する能力を身につける等、いわゆるスパルタ教育も行われていた。

古代ギリシャの教育の目的は、大別すると個人としての教養を高めることと、軍人としての国家への忠誠心を身につけさせることであった。人間として豊かな教養を身につけための教育においては、自由人に教養を身につけさせる、ソフィストと呼ばれる職業も登場した。一方、賢人と評されていたソクラテスは、そのようなソフィストをただ相手を説得する手管に秀でたものと、批判した。ソクラテスの教育は「産婆術」と呼ばれる、対話を通じた問答によって、対象を深く追求するものであった。ソクラテスのあとを継いだプラトン等により、人間存在自体のあり方を追求することの大切さを教育する活動が引き継がれていった。

また、国家への奉仕や忠誠を重視する教育も盛んであった。いわゆるスパルタ教育といわれるものである。七歳になると、国の施設に入り、二〇歳まで厳格な教育を受けた。体力も鍛えられた。個人の自由な考え方は無視され、国家への忠誠心が優先する教育が施された。

自由人として豊かな教育を身につけることと、国家に貢献し忠誠心を身につける教育が同時進行で進められていたが、この考え方はローマ時代にも受け継がれていった。ローマ時代は「ローマの平和」という基本的な認識があったが、ローマ帝国が巨大化する背景には「国家の巨大化・強力化、国家への忠誠」が優先されていたと考えられる。

●中世からペスタロッチーまで

ヨーロッパの中世はキリスト教が中心の社会であったといえる。教育はキリスト教に奉仕するために必要であったとも考えられる。キリスト教信者としての徳を積むことを、一般に広める手段としての教育であったとも考えられる。

近世になってルネサンスを迎える。この運動は、「古代ギリシャの教育やものの見方、考え方」を再認識したものであった。個性を大切にした教育が行われ、古代の精神を復興したといえる。とくに、特権階級ではギリシャ語やラテン語が教養として教育されている。

また、この時代には、これまでの宗教のあり方を問い直す運動も起こった。その代表が「ルター」である。キリスト教の教義である「人は神の前では平等」という考えを知らしめるために、聖書を母国語で読めるようにドイツ語に訳した。これは人々に文字を学ぶ機会を与え、大きな教育効果をもたらした。

また、一六世紀から一七世紀には「実学主義」が台頭した。教育の教材は具体的な事物を通すことが主張された。代表的な教育者としてコメニウスがあげられる。一八世紀には自然主義の教育観が生まれた。「自然に帰れ、自然に帰せ」が唱えられた。代表的な教育者はルソーである。ルソーは著書『エミール』で不純な環境が人間を堕落させること、伝統的な教育観も子どもの本性を堕落させることなどを述べている。

自然主義の教育論は、ペスタロッチーなどの教育者に受け継がれる。ペスタロッチーは著書『隠者の夕暮れ』で自分の教育観を述べている。また、同年代にはヘルバルトが著書『一般教育学』で、教育学を哲学の下部ではなく、独立した「学」として主張している。フレーベルは幼稚園教育に力を注ぎ『母の歌と愛撫の歌』を教材として開発した。

●足利学校から学ぶ中世の学校

ヨーロッパの教育の流れを概観すると、古代国家の教育の考え方、中世のキリスト教の教義を中心とする考え方、古代ギリシャ・ローマ教育の復興と新生教育を標榜したルネサンス、そして自然の大切さ、自然を教材とする自然主義の教育観が見られた。それではわが国の教育は、どのような思想や国家観により展開されてきたのであろうか。

縄文・弥生の時代を経過して、古代国家が成立した。わが国では大陸から取り入れた「漢字」がもとになり、国家を運営するのに必要な教育が展開された。当時は、国家の施政者やそれを支える特別な階級の者だけが教育を受ける時代が長く続いていた。

奈良時代になると、『古事記』や『日本書紀』といった政治の記録が残されるようになった。地方では風土記が刊行されている。これらの書物を作成したのは国家経営の特別な階級に属した者による。同じく奈良時代には『万葉集』が刊行されている。『万葉集』を編集したり刊行したりしたのは上流階級の人々であろうが、収録されている歌（短歌・長歌等）のなかには一般庶民の作品もかなり多く掲載されている。この時代の教育のあり方は明らかではないが、「防人の歌」や「東歌」には教育を受けた素養を感じとることができる。

平安時代になると、大陸との交流が疎遠となり、国風文化が生まれ、「カタカナ・ひらがな」の登場は多くの国民に教育の機会を与えたことであろう。史実として残っている『源氏物語』や『枕草子』等の筆者をみても、教育を受ける層が広がっていることがわかる。

平安時代末期には貴族から武士への政権委譲が進んだ。当時は、平安時代から貴族が古典研究や有職故実の学問の担い手となっていた。鎌倉時代には武士が国の政治を司った。貴族による政治の衰退とともに、仏教寺院や学識僧が徐々に教育の担い手として台頭してきた。
鎌倉幕府が御家人を全国に守護や地頭として派遣すると、守護や地頭を受け入れる地方では、それなりの教育を受けた者でなければ幕府から派遣された役人武士に対応できなかったことであろう。それぞれの地域でそれぞれの力量に応じた教育施設がつくられたようだ。幕府のあった鎌倉では、鎌倉五山といわれる寺院を中心とした五山文学が発展した。守護や地頭が派遣された地方でも、鎌倉に習い、地域の寺院が学問や教育を担っていたようだ。

地方の教育については、たとえば律令時代に各地から「租・庸・調」の「調」として都に各地の特産物が献納されたが、その記録として「木簡」に見事な楷書の文字が読み取れる。この文字も都の役人だけでなく地方のものも書いていることであろう。

わが国では、大学寮が教育施設として都に設けられたのは奈良時代から平安時代にかけてであるが、都の教育が地方に広がった歴史は長く、鎌倉時代に全国に守護・地頭が派遣されても、教育の力で社会の混乱は起きなかったといえる。

武士が政権を握った当時の教育を概観すると、代表的な学校として「足利学校」がある。創立は諸説あるようだが、当時のわが国の最高学府である。

指導者は当時の学問の権威であった僧侶などがあたっているが、貴族のなかにも優秀な学問の権威がいたようだ。注目されることは、封建社会の身分が厳格な時代に足利学校の教授（指導者）は知識、能力に応じて全国から選抜されていることである。また、教育の中心は儒学であるが、易学や兵学、医学も教えていた。学生は全国から集まり、卒業すると、戦国大名に仕官する者もいたようだ。足利学校の教育内容はわが国の最高レベルであり、戦国大名には必要な家臣となった。この当時の教育制度としては、世界的にみても最先端の教育であったといえる。足利学校や横浜市にある金沢文庫等については、当時の文献がよく保存されている。一般教養として施設を訪れ、その一端にふれることが望まれる。

＊武士の教育――御成敗式目から

鎌倉時代の武士の教育は「御成敗式目」にその様子がみられる。各時代の教育の特色をみるには、時代を代表する法律を参照するとよい。

御成敗式目は武士の教育の基礎・基本が根底にある。武士の生活上の争いや裁判事例を取り上げ、神を敬い、仏を敬うことにより武士の生活が守られることを述べている。

具体的な条文は学校図書館やインターネットで簡単に検索できる。原文は漢字で記述されているが、現代語訳を活用して理解を深めてほしい。

御成敗式目の根底にある教育観は「封建」である。個人の教養を高めることもあるが、御家人として幕府からいただいた領地をいかに保持し後世に存続させるか、という土地に対する価値観が優先している。したがって、領地に対する外部からの侵害についての判断、財産相続の手続きや方策等については細かい規定がなされている。

また、領地や相続に関する「問注所」の取り扱いにおいても、裁判の基本的な考え方が見られる。これらの条文から、当時の教育観を見つけることが望まれる。

●江戸幕府も黙認した私塾の自由な教育――日田市の咸宜園では

わが国で、公的機関で全国的に教育が行われるようになったのは、江戸時代に各大名が領地につくった「藩校」と呼ばれるものであった。それ以前には京都にいる貴族が古典の歌集等を研究していたが、貴族の勢力が衰えると、学問の研究機関が貴族から寺の僧侶に移行するようになった。鎌倉五山文学が有名である。上杉憲実が足利学校を再興したり、北条実時が横浜市金沢区の称名寺に金沢文庫を設置した程度であった。

つまり、わが国の教育機関は個人的に創設されたものだったのである。奈良時代以前から豪族や貴族の一部、武家社会の一部が「私塾」で教育を受けた。私塾が全国的に広がり、多くの武士や庶民が通うようになったのは江戸時代に入ってからであった。とくに、幕府が儒学を正式の学問として公認してから私塾が広まった。

私塾の特色は、教育を受けたい者は武士も町人も同じ場所で同じように学習できたことである。幕府から干渉をうけることなく運営することができたので、塾主の人格や学問が、教えを受ける青少年たちに大きな影響を与えた。

代表的な私塾として、大分県日田市で開校された「咸宜園」をみてみる。

咸宜園は、広瀬淡窓が主宰した私塾で、その門下生には高野長英をはじめ、長州藩出身の大村益次郎、長崎の上野彦馬等がいる。塾の最盛期には二三〇〇人もの塾生がこの咸宜園で学び育っていったという。咸宜園は日田市の豆田町に近い盆地のなかに位置している。私塾の地理的な条件はよいが、この私塾に全国から塾生が集まっていることに注目したい。

淡窓は「人材を教育するのは、善の大なるものなり」とよく話したという。「教育とは人間社会における最大の善行である」という考えをもとに、塾を開いて子弟たちを教育してきたという。

現在、日田市立咸宜小学校では、郷土が生んだ江戸時代の偉大な教育者の教育観を生かした教育活動を行っている。本校の学校経営方針は次のようになっている。

＊広瀬淡窓の「咸宜（みな・よろし）」「敬天」「休道」の教えを基底に、生きる力を身につける

【学校教育目標】（【校訓】）

たくましく　～　今なすべきことをやりとげる　（生きていく志と実行）

ゆたかに　～　人、もの、自然、生命を大切にする　（生きていく価値）

立　つ　～　ほどよい緊張感を身につける　（自らを律し、生きていく姿勢）

また、「子どもの現状」についても、しっかりと分析考察がなされている。

たとえば、「たくましく」では、
めあて（志）を持つ～　夢や目標を持ちがたく、何となく過ごしてしまいがちという現状
体力向上　　　　～　体力低下による粘りや耐性、健康・安全面のもろさという現状
睡眠・食の指導　～　睡眠不足・朝食抜き、食の内容による体調不良・意欲低下という現状
がまん強さ　　　～　つらいこと・したくないことを避けたり、すぐ投げだそうとする現状
などとなっている

⑶　明治以降の学校の特色

●明治学制発布の背景――松本開智学校を例に

明治維新を迎え、社会の急激な変化に対応してきた先人は教育改革、教育普及に力を尽くしてきた。明治五年の「学制発布」は各地に学校建設の気運をもたらし、当時の世界では国民の識字率が高い国の一つとなっていた。

各地に誕生した学校のうち、松本市の開智学校を例に、当時の教育の状況を探ってみる。

開智学校は、明治六年五月六日に開校した。わが国で最も古い小学校のひとつである。

学校の建築は大変にモダンな様式で東京の開成学校などを参考にしたという。

信濃教育という言葉がある。おそらく明治の学制発布の頃から郷土の風土として教育には情熱が注がれたものであろう。当時の筑摩県の権令永山盛輝は新しい文化、新しい教育に力を入れる政策をとったのであろう。文明開化政策も推し進められたという。

保存されている学校施設を見ると、その資料に、羽織・袴に靴をはいた先生が洋算を教え、子どもたちは腰かけに座り授業を受けている。多くの学校が寺子屋風の域を出ない状況のなか、開智学校では教則に準拠しつ

つ、読本課・算術課・習字課を設け、英字課も置いていたという。松本地方は、明治初年の小学校就学率が全国でももっとも高い地域の一つになった。

●社会の要請に応えた戦前の学校

わが国では明治維新より教育への関心が高く、全国のいたるところで学校建設の気運が盛り上がってきた。やがて富国強兵を中心とする政策は学校教育にも影響を与えるようになる。社会が複雑化し産業が多岐にわたると、それに応じた教育の必要性が生じた。

結果として、戦前の学校教育制度は複線化の体系を整えるようになった。子どもにとっても将来を見通した学校選択ができる環境が整ってきたのであった。

戦前の教育制度について調査研究を進める手がかりとして、以下のように戦前の教育制度を整理した。大正から太平洋戦争初期の学制については、次の法規により学制が敷かれていた。

学制の施行を年代順にすると、次のようになる。

師範学校令（一八八六年）
実業学校令（一八九九年）
中学校令（一八九九年）
専門学校令（一九〇三年）
小学校令改正（一九〇七年）
高等学校令（一九一八年）
大学令（一九一八年）

戦前の教育階梯は、初等教育学校、中等教育学校、高等教育学校、最高学府の四段階からなっていた。初等教育学校は現在の学制とほぼ同様である。

就学前教育機関　幼稚園　一～三年制
初等教育機関　小学校尋常科　六年制
　東京聾唖学校　四年制
　東京盲学校　五年制

中等教育や高等教育は現在とはかなり異なり、子どもの意向や家庭の財政状況等により、多面的な教育が施される仕組みになっている。中等普通教育に対して、実業学校の種類が多く用意されている。複線型の教育が特色となっている。

中等教育機関　小学校高等科　二年制　補習科二年制　補習科三年制
　実業学校予科　実業学校乙種　実業学校甲種　実業補習学校
　高等女学校　四年制
　高等女学校　専攻科
　中等学校　五年制
　徒弟学校　一～四年制
　実業学校甲種　研究科

高等教育機関についても、進路が多様化していた。高等学校入学資格が中学校第四学年修了となり、場合により中学校第五学年に在籍せず一六歳以上から高等学校への入学が可能となった。

高等教育機関　師範学校　女子高等師範学校　師範学校二部
　専門学校　専門学校医学科
　大学予科　二年制　三年制
　高等学校高等科　三年制　専攻科一年制

高等師範学校　女子高等師範学校　師範学校二部
専門学校　研究科
最高学府は大学である。
最高学府　帝国大学　帝国大学医学科
文理大学　商科大学　商業大学　工科大学　工業大学　医科大学
大学院

(4) 学校に求められる役割

これまで、教育の歴史を概観してきた。古代では直接生活にかかわる学習を、中世では教育を受ける必要のある者に専門教育が、江戸時代には教育の多様化も図られてきたことが分かる。

現在のように社会が複雑化し、保護者の職業も考え方も多様化し、情報化が進んだ場合、学校に求められる教育の役割とは何であろうか。

中央教育審議会「今後の教員養成・免許制度の在り方について（答申）」（平成一八年七月）をもとに考察を試みる。

●求められる学校像

＊これからの社会と教員に求められる資質能力
答申では社会の変化に対応する学校の役割には、教員の資質の向上が大切であることを強く述べている。以下は答申のⅠの１の冒頭の部分である。

社会の大きな変動に対応し、国民の学校教育に対する期待に応えるためには、教員に対する揺るぎない信頼を確立し、国際的にも教員の資質能力がより一層高いものとなるようにすることが極めて重要である。

　変化の激しい時代だからこそ、教員に求められる資質能力を確実に身に付けることの重要性が高まっている。また、教員には、不断に最新の専門的知識や指導技術等を身に付けていくことが重要となっており、「学びの精神」がこれまで以上に強く求められている。

＊社会の変化、社会情勢から求められる背景
また、変化の激しい社会に生きる子どもを教育する学校像についても示されている。答申が述べている学校像（一部抜粋）は、以下のとおりである。
○これからの社会は、政治・経済・文化等のあらゆる分野において、人材の質がその有り様を大きく左右する社会であり、教育の質が一層重要となる。
○我が国のように、天然資源に恵まれず、少子化や高齢化の進展が著しい国においては、生産性の高い知識集約型の産業構造に転換し、国際的な競争力を維持していく上で、既存知の継承だけでなく未来知を創造できる高い資質能力を有する人材を育成することは、極めて重要な課題である。
＊求められる子ども像
○一人一人の子どもたちがそれぞれの可能性を伸ばし、一生を幸福に、かつ有意義に送ることができるようにするためには、一人一人が自らの頭で考え、行動していくことのできる自立した個人として、心豊かに、たくましく生き抜いていく基礎を培うことが重要となる。そのような力を教育を通じて育成する必要性が一段と高まっている。
○保護者や国民の間に、学校に対して、必要な学力や体力、道徳性等を確実に育成する質の高い教育を求める声が高まっている。

○子どもたちの知・徳・体にわたるバランスの取れた成長を目指し、高い資質能力を備えた教員が指導に当たり、保護者や地域住民との適切な役割分担を図りながら、活気ある教育活動を展開する場となる必要がある。
○保護者や地域住民の意向を十分に反映する信頼される学校となるため、教育を提供する側からの発想だけではなく、教育を受ける側の子どもや保護者の声に応える教育の場となることが求められている。

●学校の役割を果たす教員の資質能力

学校の役割は教員の資質に負うところがきわめて大きいことは、昔から述べられているところである。今回の答申では、再度教員の資質について大きな期待と要望が込められている。答申では教育の「不易」である「いつの時代にも求められる資質能力」についてと、教育の「流行」にあたる「今後特に求められる資質能力」に分けて述べられている。

答申が述べている教員の資質能力は、以下のとおりである（一部抜粋）。

＊いつの時代にも求められる資質能力

○教育者としての使命感、人間の成長・発達についての深い理解、幼児・児童・生徒に対する教育的愛情、教科等に関する専門的知識、広く豊かな教養、これらを基盤とした実践的指導力等

＊今後特に求められる資質能力

○地球的視野に立って行動するための資質能力（地球、国家、人間等に関する適切な理解、豊かな人間性、国際社会で必要とされる基本的資質能力）
○変化の時代を生きる社会人に求められる資質能力（課題探求能力等に関わるもの、人間関係に関わるもの、社会の変化に適応するための知識及び技術）
○教員の職務から必然的に求められる資質能力（幼児・児童・生徒や教育の在り方に関する適切な理解、教職に対する愛着、誇り、一体感、教科指導、生徒指導等のための知識、技能及び態度）

＊得意分野を持つ個性豊かな教員

○画一的な教員像を求めることは避け、生涯にわたり資質能力の向上を図るという前提に立って、全教員に共通に求められる基礎的・基本的な資質能力を確保するとともに、積極的に各人の得意分野づくりや個性の伸長を図ることが大切であること

＊優れた教師の条件

○教職に対する強い情熱（教師の仕事に対する使命感や誇り、子どもに対する愛情や責任感など）

○教育の専門家としての確かな力量（子ども理解力、児童・生徒指導力、集団指導の力、学級づくりの力、学習指導・授業づくりの力、教材解釈の力など）

○総合的な人間力（豊かな人間性や社会性、常識と教養、礼儀作法をはじめ対人関係能力、コミュニケーション能力などの人格的資質、教職員全体と同僚として協力していくこと）

社会の変化に対応し、たくましく生きる力を身につける教育は家庭、地域社会、学校等、子どもが生活するあらゆる場面で行われることが求められている。とくに学校への期待は大きい。

学校への期待としておおきなものは、たとえばつぎのような事項が考えられる。

○子どもが基礎的・基本的な知識理解を図ることができる

○子どもの自己学習力、意欲的な学習態度が創造できる

○子ども同士の人間関係――集団適応、社会性の伸長を図ることができる

○心身の健康な成長支援

2　学校を経営するとは

(1)　文化の保守的側面と革新的側面

●社会の変化と文化の保守的傾向

　教育の歴史を概観すると、いつの世も人間は現状の生活をより豊かにするために教育を活用してきたことが分かる。各時代の文化の創造には、教育の力が大きく影響していることも分かる。

　社会の変化は文化を創造する原動力であり、文化が社会を変化させる場合もある。

　教育と文化の関連に社会の変化が大きな影響力を持っている。教育の基本的な目的と理念を規定する教育基本法が平成一八年に改正された。文部科学省教育基本法資料室によれば、「本法は、昭和二二年に制定された教育基本法（昭和二二年法律第二五号）の全部を改正し、教育の目的及び理念並びに教育の実施に関する基本を定めるとともに、国及び地方公共団体の責務を明らかにするものです」と述べている。

　教育基本法が数十年ぶりに改正された背景には、社会の変化とその文化の創造が考えられる。改正された教育基本法の前文は次のようになっている。

○新教育基本法前文

「教育基本法（昭和二二年法律第二五号）の全部を改正する。我々日本国民は、たゆまぬ努力によって築いてきた民主的で文化的な国家を更に発展させるとともに、世界の平和と人類の福祉の向上に貢献することを願うものである。我々は、この理想を実現するため、個人の尊厳を重んじ、真理と正義を希求し、公共の精神を尊び、豊かな人間性と創造性を備えた人間の育成を期するとともに、伝統を継承し、新しい文化の創造を目指す教育を推進する。ここに、我々は、日本国憲法の精神にのっとり、我が国の未来を切り拓く教育の基本を確立し、その振興を図るため、この法律を制定する」。（傍線は筆者）

この法律では教育の理念について規定されているが、傍線部分に注目したい。社会の変化に対応して文化も変容するが、文化には保守的傾向と革新的傾向があることである。文化の創造に大きな影響がある教育についても、保守的傾向側面と革新的傾向側面があることを示している。

一般的に社会の変動が少なく、社会が安定している場合は現状の教育を維持しようとする傾向が現れる。既存の文化を尊重し保存しようとする保守的傾向である。文化の保存を重視している。

反面、社会の変化が激しく、その傾向が継続されている場合は、現状の文化を改革しようとする傾向が現れる。新しい文化の模索である。

●社会の変化と文化の革新的傾向

学校で学習指導が行われている時間に、緊急に教員が職員室に集合するよう指示が出る場合がある。このような指示は、最近ではほとんどないが、たとえば「台風の進路が変更し緊急に子どもを下校させる」場合がある。また、夏には「光化学スモッグ警報（注意報）が発令され、教育課程の変更を急ぐ」場合がある。

子どもの緊急下校・帰宅等、学校の危機管理体制は、事前に保護者との連絡協議が図られているのが普通である。それでも帰宅途中の安全確保、帰宅しても家人が留守の場合等、教職員が緊急に協議したり、校長や教頭の指示に従ったりする行動が求められる。

学校の危機管理体制の維持、子どもの安全確保を最優先することは昔も今も変わりがない。しかしながら社会の変化により、その対応の仕方が大きく変化している。

以前は多くの学校で「子どもの連絡網」が作成されていた。現在でも機能している学校がある。この連絡網は社会の変化とともに変容してきている。電話が各家庭にないころは、住所を見て、家が近い者が歩いて連絡していた。やがて、電話が普及すると子どもの住居より、電話番号が重視されるようになった。緊急対応では電話による連絡網が機能を発揮した。

最近では、電話番号が掲載されている連絡網が緊急連絡だけでなく、多様化することが問題になっている。電話番号や住所の一覧表、連絡網を作成しない学校もある。

固定電話は学校に二〜三台しかなく、緊急対応時に利用がむずかしいことも考えられる。最近では電話でなく「メール」を活用しているところもでてきた。メールなら、学校や学級からすべての保護者に瞬時に連絡ができる。保護者のメールは学校が個人情報として管理しやすいこともある。

校長に携帯電話を配布している地域もある。教育委員会からの緊急連絡は校長の携帯電話メールに連絡される。情報の流れは急激に進歩している。

情報化社会への急激な変化は、学校が時間をかけて醸成してきた連絡網を廃止させる方向に向かっている。かつては連絡網を通して、保護者どうしが話し合う機会がつくられていた。子どもが学級の友だちの家に行ったり遊んだりできた。

情報機能の発達は危機管理には有効だが、醸成されてきた既存の文化を変えている。教育における革新や創造への対応に注目したい。文化の創造・改革に留意することを教育基本法の前文では述べている。

●社会の変化に対応できる力――「生きる力」とは

社会の変化に対応した教育のあり方をめぐって教育改革が進行している。教育改革が本格的に進行するきっかけは、昭和五九年度から六二年度にかけて、当時の中曽根内閣総理大臣の諮問機関として設置された「臨時教育審議会」があげられる。当時は二一世紀を前にして、教育改革の基本方向が示された。すなわち、以後の教育改革の基本的考え方となる「個性重視の原則」「生涯学習体系への移行」「国際化・情報化等変化への対応」

の三つに集約される。

以後、毎年のように教育改革論議が展開されてきたが、第一五期中央教育審議会が「生きる力」を提言する答申を出した。この提言をもとに教育課程審議会、教育職員養成審議会が始動した。

橋本総理大臣（当時）が先頭に立って実施した行政改革会議では、「教育改革プログラム」が文部省から提示された。行財政改革の論議が高まるなかで、教育改革の論議が国民的な重要課題となっていった。

社会の急激な変化、情報化の進展が進むなかで、教育のあり方が、国のレベルで、大学の研究室で、各学校の実践を通して論議された。その根底にあったのが「生きる力」の育成であった。

「生きる力」は、前述のとおり、第一五期中央教育審議会への「二一世紀を展望した我が国の教育の在り方について」という諮問に対する答申のなかで提言されたものであるが、次のように述べられている。

「我々はこれからの子供たちに必要となるのは、いかに社会が変化しようと、自分で課題を見つけ、自ら学び、自ら考え、主体的に判断し、行動し、よりよく問題を解決する資質や能力であり、また、自らを律しつつ、他人とともに協調し、他人を思いやる心や感動する心など、豊かな人間性であると考えた。たくましく生きるための健康や体力が不可欠であることは言うまでもない。我々は、こうした資質や能力を、変化の激しいこれからの社会を「生きる力」と称することとし、これらをバランスよくはぐくんでいくことが重要であると考えた」。

二一世紀になって最初の学習指導要領が実施されたが、ゆとりのなかでの特色ある教育によって「生きる力」をはぐくむという方針が示された。二〇一一年以降実施の学習指導要領では、ゆとりでも詰め込みでもなく、「生きる力」をよりいっそうはぐくむという方針が示されている。

⑵　もっとも革新的であってほしい管理職

●学校評価の実状から

教育改革は一九八〇年代から開始されたが、この改革の波はわが国のみのものではなく、世界的な傾向である。ＯＥＣＤ（経済協力開発機構）でも、ユネスコ（国際連合教育科学文化機関）でも教育改革論議が展開されてきた。

教育改革とは、わが国の場合、「生きる力の育成」という基本理念を定め、これを実現するために、学校の教育内容を検証することである。その検証の過程で、教育内容を指導する教師の資質や能力の向上を図る施策をつくることである。さらに、学校経営の改善を図ることでもある。

すなわち、教育改革をするには、次の四項目の条件を満たすことが大切である。

①教育改革の基本理念、教育改革の目的を明確にする
②教育の内容、方法の改善を図る
③教師の力量の向上を図る
④学校のマネジメント能力の改善（学校経営の改善）を図る

地方公共団体では教育改革を積極的に推進しているが、その内容や方向、方法は都道府県や市町村により、多岐にわたっているようである。市町村では、地域の風土や環境、地域の人々の考え方を考慮に入れて推進している。

教育改革の四条件は前述のとおりであるが、①から③までは、一般的に改革の方向性が分かりやすいといわれている。問題は④の学校のマネジメント、学校経営の向上である。

このことについては、学校評価などが推進されているが、改革の方向性を模索しているのが実状のようである。

このような状況のなかで、先進的な取り組みをしている地方公共団体がある。学校経営の状況を評価一覧表

（「学校経営診断カード」と呼んでいる）により教職員全員で実施するものである。

学校経営の診断評価については、別に述べるが、評価内容には次のようなものがある。

①学校教育目標の実現に向けた子どもへの指導や、教職員の学校経営意識のあり方を評価する

②学校を運営する組織、校務分掌の機能状態を評価する

③教育活動を展開する教員の資質とその能力発揮の状況を評価する

④学校には創立当時から地域の願いや期待があり、学校の風土として醸成され、学校と地域との有機的な結びつきがある。そのような学校風土のあり方を評価する

学校のマネジメント能力の改善を図る学校経営評価を、県内の多くの学校で意図的に実施した地方公共団体もある。学校改善への取り組みで、マネジメントの視点から改善に取り組むのは先進的であり注目される。

各学校が取り組んだ学校マネジメントの状況を学校の管理職と教諭の評価を比較して精査したところ、管理職、とくに校長の評価に特色が見られたという。地域の変化、保護者のものの見方・考え方が多様化している状況について、管理職は敏感に反応し、改善の必要性を感じとっているという。ところが教諭には、学校の現状に満足し、学校経営については管理職が行うことでよいとする傾向が見えたという。

校長のリーダーシップ発揮が求められているが、その意義の理解が不十分であるような傾向も見られるというう。要するに、学校を管理するのは管理職であるが、学校を経営するのは教職員全員であることの認識が浅いようである。教職員が経営能力を発揮できるよう管理職がリーダーシップを発揮する必要があることの認識が改めて求められている。学校改善には管理職がさらなる革新的発想を持つ必要性が求められているのである。

●学校教育目標に迫る

学校教育目標については教育法令で制定されている包括的・抽象的なものと、各学校が地域の実情や子どもの状況等を配慮して作成された学校固有のものがある。

各学校が作成した学校教育目標は、具体的で実践的なものが一般的である。それに対して、教育関係法令に明記されている学校教育目標は公教育として全国のどこの学校においても行われるよう包括的で抽象的である。また、教育法令をうけて各教育委員会では教育目標、教育方針を設定しているが、これらも教育法令の枠を越えることはない。設定されている教育目標、教育方針は包括的なものとなっているのが一般的である。

学校経営の側面から学校評価を行うとき、学校教育目標は各学校の個性ある具体的なものを指している。学校経営では学校に勤務するすべての職種の職員が経営意識を持つことが大切である。とくに校内の職員による学校評価が行われるとき、学校経営の改善を図る側面からの試みは重要であり注目される。また、学校教育目標の実現に迫るための評価では、管理職がリーダーシップを発揮することが求められる。

学校教育目標に迫るための評価項目は、たとえば次のようなものが考えられる。

○学校教育目標が明確化しているか
○学校経営目標が明確化しているか
○目標系列の系統性等は整理されているか
○目標へ迫る方策が具体化・具現化されているか
○目標達成への努力をしているか
○目標達成への協働意欲はあるか　等

これらの評価項目について、評価する教職員の意識が「自分も学校経営をしている」と考えているか否かにより、評価結果に大きな相違が出る。

教育活動によって学校教育目標に迫るためには、評価項目の考察も重要だが、学校教育目標について教職員の共通理解が図られていること、教職員の間に協働意欲が喚起されていることが大切である。

●革新的とは現状を精査する能力があること

社会の急激な変化が学校の教育活動に大きな影響を与えていることについては、事例による考察の必要はないであろう。教職員にとって承知された変化はたいへんに多い。

伝統ある学校の教育活動という固有の文化も、社会が平穏で変化が少なければ、伝統として醸成されてきた学校の文化として踏襲し、後世に伝達する機能が優先するであろう。

学校での子どもの活動は、同年齢や近似年齢の子どもが集団で教育活動をすることにより、一人ひとりの子どもが成長するのが普通であった。また、今後も、そうあってほしいと考えているのが一般的である。このような健全な状態に変化が生じた場合、たとえば、不登校の子どもがでたり、反社会的な行為をする子どもが多くなったり等の状況が見られた場合は、学校の教育活動の環境が変化したと捉えられる。

その状況を解消することに重点をおく指導をすることも大切だが、その前にその状況を精査することが必要である。現状の精査により、従来からの学校文化のよさを伝承し、新しい文化の創造に結びつくからである。

●見える事象から見えていない事象を類推できる能力を

前述のように、「学校経営」は民間企業が行っている企業経営とは性格が異なる。民間企業の経営は企業の利潤を獲得するために従業員に指示・命令し利潤追求をする行為である。民間企業では、経営者と経営者の指示・命令で活動する社員には意識のずれがあって当然で、利潤追求の成績によっては経営担当した者の交代がある。

一方学校の経営は、学校に勤務するすべての教職員が経営者であると認識している。民間企業が利潤追求をするのに対して、学校経営では「保護者の願いや期待に応える子どもの健全育成」、すなわち「学校が地域の期待や子どもの状況を加味して作成した学校教育目標の具現化」をめざすために、職種に応じて、職種の機能と教職員の資質能力を最大限に発揮することである。

学校に勤務する教職員が自分の能力を発揮し、職種の機能を発揮して学校経営意識を醸成していく過程では、学校内の教育活動で「見える事象から見えていない事象を類推」する能力が求められる。たとえば、「体育祭の実施要項」が職員会議に提案された場合、多くの教職員は自分の職種の立場から前年度の体育祭との比較を行うのが一般的である。学校運営費を担当している事務職員は本年度の予算面からの対比を行う。学年・学級担任は体育祭の日程やプログラムの変更状況を検証する。学年主任や生徒指導担当はプログラムの演技内容や参観している子どもの座席状況を精査する。

教職員の職種による調査活動、検証活動は本年度の教育活動の具体的な提案が見えている状況で行われる。その結果、たとえば予算の執行を担当する事務職員が前年度と比較して予算が増加した場合、増加した予算を確保するために、他の職種に予算の増額の原因や影響を確認し質問する。事務職員には「予算の増額」は見えているが、「増額された根拠や原因、理由」は見えていない。

職員会議を通して、「提案という見える部分」から、学校経営の一翼を担っている意識が育ち、「見えない部分の確認」が保証され、各職種の者が他の職種の「思惑」を類推することが可能となり、重要である。

⑶　子どもの成長の一部を支援・伸長する教職員

子どもが成長するには、生まれながらに身につけている遺伝的な素質と生まれてからの環境に影響されて育つ素質の両面が考えられる。子どもが成長する環境は家庭、近隣の地域社会、学校等の多くの環境場面が求められる。とくに学校は、成長する環境として大きな影響を与える。

子どもの成長に学校は大きな影響を与えるが、そのなかでも、学年・学級での学習時間は子どもの成長を加速させる環境といえる。とくに、学級担任、教員の指導力に負うものが大きい。

子どもの成長に、とくに能力を伸長する場面設定としての代表的な学習状況と教師の支援活動について、事例を通してみてみたい。

《事例1　子どもの既有経験・レディネスを生かす》

小学校では、相手に自分の意思を伝える文字（ひらがな・カタカナ、一部の漢字）の学習をする。学習の総括として担任は「田舎のお祖父さん、お祖母さんに手紙を書こう」と呼びかける。子どもは大好きな祖父や祖母を思い出しながら、学習で身につけた文字を活用して手紙を書く。

書き終えた手紙を見て、担任は「みんなが書いた手紙を、お祖父さん、お祖母さんに届けるにはどうしますか」と問う。子どもの既有経験を想起させるのである。

「郵便ポストに入れればよい」と多くの子どもが答える。

「郵便ポストに入れた手紙は、どうして田舎に届くのかな」と、担任が大切な質問をする。子どもの既有知識で知っていること、知っていないことを分類・整理して、子どもが知らない「ポストから田舎までの手紙の流れ」を明確にするのである。

子どもは「何が分からないか、分からないことが分かった」場合、学習意欲を喚起される。子どもにとって学習の見通しがあるからである。「分からないことを分かるようにする道筋」を自ら発見できたからである。問題は「何が分かって、何が分からないのか」が分かっていない場合である。「分からないことが分からない」場合は学習意欲が減退する。

久しぶりに保護者が学習参観に学校へ出かけて行ったとき、担任の発問に誰も挙手することがなかったという。発問内容が分からなければ子どもの学習活動は停滞する。子どもの既有経験を生かしてさらなる学習意欲を引き出す学習環境が大切になるわけである。

《事例2　逆転の発想を学習意欲に》

小学校でも安全指導が実施されている。学習展開の途上で、住宅地や団地にある車の通りの少ない道路と、学校からは少し離れたところを通っている交通量の多い国道とを比較する学習がよく行われる。

担任は「交通量の少ない住宅地の道路と交通量の激しい国道では、どちらで交通事故が多く発生するでしょうか」と発問する。二つの道路の比較を問うているので、子どもにとっては比較すればよい。生活経験から「交通事故が発生するのは、スピードを出して走っている国道。交通量がたいへんに多い国道で交通事故が発生する」と答える者が多くなる。

また、日常の生活経験から「住宅地には車が少なく、スピードも遅い。走っている車が少ないから事故も少ない」との発言がみられる。学級の子どもの考えや意見が出そろったところで、意見を整理すると、「国道と住宅地の道路では、国道に交通事故が多く、住宅地には少ない」が学級の考えとなった。

ここで学習を終えるのでなく、教師が「それでは、皆さんの考えを確認するために交通事故を処理している警察署に行きましょう」と投げかける。子どもは教室から出て校外で学習することを好むものである。しかも子どもにとって警察で何を調べてくればよいか明確になっている。学習意欲は高揚する。

実際に警察署の交通事故掲示板を見学させてもらう。多くの警察では警察署管内で発生した交通事故現場が白地図に虫ピン等で明示されている。子どもが交通事故現場を地図で確認すると、「国道には事故が少なく、住宅地の道路では、あちらこちらで発生している」事実を知る。

子どもが学級で話し合って得た結論は、警察署の掲示板に表示されている事実と違っていた。子どもの考え方とは「逆転」している事実が示された。

ここで、教師は「国道では、みんなが予想していたのと違って事故が少ない。なぜなのか調べてみよう」と学習活動を提示する質問が考えられる。あるいは「みんなの予想が外れたね。これからの学習をどうしますか」と学習の仕方を学習させる質問も考えられる。

学習活動では思考が連続し、その因果関係や関連が子どもに納得されている状態が大切である。この事例のように、子どもの思考に「逆転」の思考を取り入れることによって子どもの学習意欲は高まり、子どもが学級経営を無意識に行っている状況が創出できる。

《事例3　矛盾意識を学習意識に変容》

学校経営では教職員が経営感覚を身につけることが大切であるが、学級経営や学習指導を通して、子どもにも学校経営の感覚を育てたい。

総合的な学習の時間が創出されてから、各学校では学校の特色を出している。その例として、エネルギーの大切さを学校から地域に発信している事例がある。

この学校では、エネルギーについての特設時間を設けているのではないが、学習指導計画を作成する段階で、教師が協働してエネルギーについての学習活動を導入する工夫をしている。その学習活動は次のように展開された。以下、教師と子どもの話し合いのポイントをみてみる。

「皆さんの家には電気冷蔵庫がありますか」。

「あります」全員があると答える。

「学校には大きな冷蔵庫が何台もあります。そのうちの一台は一〇年も使っている冷蔵庫です。大切に使ってきたんです。こちらの冷蔵庫は今年、教育委員会が買ってくれた最新型です。これから大切に使っていきます」。

「古い冷蔵庫は一ヵ月に電気代が一、〇〇〇円かかるそうです。買ったばかりの冷蔵庫は内容量は全く同じです。この電気冷蔵庫は古いものと比べて電気代は高いでしょうか、安いでしょうか」。

「新しい物は技術が進んでいるから、電気代が安い」ほとんどの回答である。

「新しい冷蔵庫の性能をみると、一ヵ月の電気代は二五〇円ほどだそうです」。

古い冷蔵庫に比べて新しい冷蔵庫は電気代が四分の一と安くなっている。このことを子どもに十分理解させた段階で、

「それでは、冷蔵庫で物を冷やす方法を調べてみます。古い冷蔵庫では冷蔵庫に物を入れて、庫内の温度が高くなるとモーターが回って庫内を冷やします。庫内が冷えるとモーターは止まる仕組みになっています」

「古い冷蔵庫は電気の無駄使いをしないように工夫されていますね」。

「それでは、新しい冷蔵庫も調べましょう。冷蔵庫の庫内が冷えていないときはモーターはどうしますか」と尋ねる。

「回す」と、多くの子が答える。「古い冷蔵庫と同じではないか」との声もする。「回さない」という少数意見も出るが、理由が見つからず了解が得られない。

「それでは庫内が冷えたらモーターはどうしますか」。

子どもの反応は「モーターは止まる」が圧倒的である。それでは古い冷蔵庫と同じで、電気代が安くなる理由が見つからない。

「古い冷蔵庫と新しい冷蔵庫で庫内を冷やすときのモーターの使い方が同じでは電気代も同じになりますね。電気代が安くなるには何か違いを見つけなければなりませんね」。

子どもからは、回答がでない。

そこで担任から、「庫内が冷えると古い冷蔵庫は止まる。新しい冷蔵庫はモーターが回る」と説明する。

子どもが不思議そうに考えているときに、再度、教師は「庫内が冷えると古い冷蔵庫はモーターが止まりますが、新しい冷蔵庫はモーターが止まらないのです」と話しかける。

子どもから一斉に「おかしい」「矛盾」と教師に声が飛んでくる。

「モーターを回しているのに電気代が安くなるのはおかしい」と子どもは矛盾を指摘する。この矛盾を解決するのに教師の投げかけは、ほとんど必要ない。子どもは解決するために自ら学習活動を展開する。

このような姿の学習展開が数多く展開されたり、継続すると、子どもも学級経営の一翼を担っていることを無意識のうちに身につける。

●観察力、見学力から思考の深化を

学校の役割では、それを果たすために各学校の学校教育目標についての教職員の共通理解、協働意欲が大切であること、教職員の資質向上、能力発揮の必要性が求められることを述べてきた。

また、この章では、いくつかの事例を通して、学習活動の展開に意欲的に参加する子どもは、学校経営の一翼を担っていることを述べてきた。

学習活動は学校内で展開されるのが普通である。学習環境が整備され、子どもの学習に安全が確保されているからである。しかしながら学習活動によっては、校内より校外学習で成果を上げる場合がある。事例で示したとおりである。

学習活動によっては、具体物を実際に現地に行って観察することが効果的な場合がある。また、見学の必要性を判断できる子どもの育成も大切である。いずれにしても学習活動で子どもの能力育成が図られるよう展開することが大切である。子どもは学習活動を通して学校経営に参画しているからである。

⑷　保護者の期待に応える教育作用

●学校に期待する保護者のアンケートから

近代教育制度による学校が創設されたのは明治初年である。現在の学校は創設されて以来、社会の変化に対応し、教育制度が変わったり、学校名が変わったりしたものがある。公立中学は戦後の新制中学として創設されて、現代と大きな違いはない。

学校の校種が違っても、創立年代が違っても、学校に寄せる保護者の願い、地域の願いには「不易」と呼ばれるものがある。また、社会の変化に対応する「流行」と呼ばれるものに、学校への期待の多様化があるとい

われている。

ある学校の保護者向け通信に「保護者へのお願い」があった。学校から保護者に向けて、学校の考え方を述べ、理解を図っているものである。

《事例1　担任の先生を替えてほしい》

学校では保護者との懇談会、学習参観、学校行事への参加等、学校の教育活動を広く保護者や地域に開き、保護者からの意見や要望に耳を傾け、学校経営の改善を図る活動が行われている。

事例1は、学習参観に参加した保護者からの要望である。わが子が学習に参加し、教師の質問に答えようと、何度も挙手していたが、発言の機会は一回しか与えられなかったとのことである。

要望した保護者は学習内容には触れていない。他の子どもの姿や挙手の状況にも関心がないようであった。わが子の学習する姿だけを追い求めていたようである。

要望によれば、わが子が学習時間に何回挙手したかを数えている。

保護者からの「担任を替えてほしいとする交替要望」を見た校長は、保護者と話し合った。保護者がわが子の学習の様子を真剣に観察するのはよいことである。さらに、「ゆとり」を持って学級全体の状況、担任の配慮も見てほしいことを伝えた。保護者は考えを変えてくれた。校長は、他にも同じ考えを持っている保護者がいると思った。事例を匿名にするとの条件で「保護者の学校への要望」について学校通信に掲載した。

《事例2　担任に体罰をさせないでほしい》

前述の学校とは異なる学校での事例である。本校の学校教育目標に「きれいな学校、きれいな学級」があるという。この学校では代表委員会で学校の教育目標の具現化について話し合いをしたという。代表委員会では各学級で「きれいな学校、きれいな教室」にする具体的な活動を話し合うよう決めたという。各学級の代表委員は、自分の学級で話し合ったことを代表委員会に提案したという。

学級によっては、掃除の時間に電気掃除機でゴミを吸い取るだけでなく、掃除機を使った後の廊下や教室の床を「雑巾で拭く」ことにした。それぞれの学級で「きれいな学校、きれいな教室」への実践をした。担任をはじめ教職員も掃除の時間には子どもと一緒に清掃している。

掃除時間に保護者が学校に来た。わが子が廊下を雑巾で拭いているのを見て、体罰を受けていると感じたようだ。保護者の訴えを聞いた教頭は、「体罰」という言葉の重みから校長に報告した。

校長が保護者と話し合いをした結果、保護者の誤解は解けたようだ。廊下や教室の床を雑巾で拭くのは「担任による子どもへの懲罰」だと勘違いしていた。保護者が育ったころの社会では、校内での体罰が話題になっていたことも遠因のようであった。また、家庭では掃除機を使っても、箒や雑巾を使う習慣が少なくなっていることも背景にあった。

この事例についても保護者の了解のもと、他の保護者へ学校教育目標の具現化に取り組む姿として紹介された。

●昔も今も「確かな指導力」を求める

学校経営では、その機能を高めるには前述のとおり、教員の資質と能力の向上に負うところが大きい。地域や保護者が期待する教員は「確かな指導力」を身につけた教師である。このことは昔も今も変わらない学校教育の不易である。

中央教育審議会答申（「新しい時代の義務教育を創造する」）では「あるべき教師像」について次のように述べている。

「人間は教育によってつくられると言われるが、その教育の成否は教師にかかっていると言っても過言ではない。国民が求める学校教育を実現するためには、子どもたちや保護者はもとより、広く社会から尊敬され、信頼される質の高い教師を養成・確保することが不可欠である」。

優れた教師の条件にはさまざまな要素があるが、大きく集約すると次の三つの要素が重要である。

①教職に対する強い情熱

教師の仕事に対する使命感や誇り、子どもに対する愛情や責任感などである。

また、教師は、変化の著しい社会や学校、子どもたちに適切に対応するため、常に学び続ける向上心を持つことも大切である。

②教育の専門家としての確かな力量

「教師は授業で勝負する」といわれるように、この力量が「教育のプロ」のプロたるゆえんである。この力量は、具体的には、子ども理解力、児童・生徒指導力、集団指導の力、学級づくりの力、学習指導・授業づくりの力、教材解釈の力などからなるものといえる。

③総合的な人間力

教師には、子どもたちの人格形成にかかわる者として、豊かな人間性や社会性、常識と教養、礼儀作法をはじめ、対人関係能力、コミュニケーション能力などの人格的資質を備えていることが求められる。また、教師は、他の教師や事務職員、栄養職員など、教職員全体を同僚として協力していくことが大切である。

●保護者の考えが多様化

学校経営に対する保護者の意見、学習指導に対する保護者の要望等、保護者の意見や要望が学校を変えているような錯覚がある。

たとえば、ある学校で、教育課程の編成に基づいて、割り当てられた学習時間に理科室で指導をした。ごく普通の教育課程の実施である。後日、保護者から学級懇談会の席上、「理科室で実験なんかするのはおかしい。教科書に実験結果はのっている。時間の無駄である」との意見がでたという。

懇談会では、このような意見を述べた保護者に対して賛成意見はなかったという。また、あえて反対したり、指導者の対応を肯定したりした意見もなかったようだ。保護者の考え方が多様化し個性化しているといわれるが、それはごく一部の者の考え方だと思ってもよいであろう。

●危機管理体制の見直しを

健全な学校経営の推進には学校の危機管理に十分留意する必要がある。各学校では教育委員会の指導の下に学校の危機管理マニュアルが作成されている。また、防災訓練が定例的に行われるようになっている。時には、計画的な防災訓練だけでなく、突発的な訓練も計画したい。教育委員会では学校危機管理マニュアルを改訂し、子どもの安全確保に留意している。

東京都の「学校危機管理マニュアル」（平成一九年三月）では、前文で次のように述べている。自分の勤務する学校を管理する教育委員会の「学校危機管理マニュアル」を確認し、校内の危機管理体制を見直しておきたい。

「東京都教育委員会では、平成七年の阪神・淡路大震災を契機に、災害発災時における児童・生徒の安全を確保するため、平成八年一〇月に『学校防災マニュアル』を作成・配布し、各学校における防災体制の整備をはじめ、避難所としての対応、防災教育の推進等に取り組んできました。

このたび、これまでの内容を再点検し、学校がさまざまな危機に対して組織的に対応できるように、①危機管理体制の整備・充実②緊急連絡体制の整備・充実③自然災害以外の危機への対応等を柱とした『学校危機管理マニュアル』を作成しましたので、お知らせします」。

3　学校の健全経営を維持するとは

(1)　学校が成立する条件

学校は国が決めた「学校設置基準」により設立されている。公立の学校は設置基準をクリアしているので、同じ条件で学校経営が行われていると勘違いしがちである。

しかし、学校の設置基準はクリアしていても、各学校の実態はすべて違っている。学校によっては教職員の平均年齢が高く、ベテランで構成されているところもあれば、若く教育活動に情熱はあるが、教育技術には不安を持つところもある。また、学校が設置されている地域の特色や性質もすべて異なっている。もっとも顕著なことは学校で学ぶ子どもが違い、指導者も、支援者も異なっていることである。

そこで、学校の理想像を想定しながらも、現実の学校の実態を精査することが求められる。学校が行う教育活動を子どもとその保護者にどのように保証するか、という課題にも留意する必要がある。

学校教育の無限保証の錯覚について、牧昌見氏は著書『学校経営の基礎・基本』（教育開発研究所）で次のように述べている。

「理想的な学校で、理想的な教師が、理想的な子どもに、理想的な教育を、理想的に行うというのであれば、教育の本質イコール学校教育という方程式が成立するが、現実の学校教育はそのようなものではない。だから無限保証的志向は決して無意味ではないが、理想の学校像に基準を置いて現実の学校をみて、不足・不満を述べ連ねるだけだとすると、無限保証的錯覚に陥っているといわなければならない」。

学校が成立する条件は、前述のとおり学校設置基準で規定されているが、現実の学校はすべて異なる条件のもとで教育活動を展開していることに留意したい。

学校が教育活動を展開するうえで、つぎの点について考慮することが大切である。

●人的条件

学校の主人公は学習者である子どもだといわれている。その子どもの学習環境を整え、学習意欲が喚起されるよう配慮する。

そして、子どもに直接指導をする教師には、教師としての専門性があり、教師の情熱が発揮できるよう配慮する。学校事務職員、学校用務員、給食調理員等、子どもを直接指導はしなくとも、学校や指導者の支援をする職員に学校経営の一員としての自覚を持たせるよう配慮する。また、教育委員会事務局の職員も広い意味で学校経営の支援者として配慮する。

学校は地域の願いにより設立された経緯を持っている場合が多い。学校行事や学校施設を健全に維持するために、地域市民の協力や支援を保つ配慮をする。また子どもの保護者も同様に配慮することが求められる。

学校経営は、学校に勤務している者だけではできにくい。学校への協力者とともに、理解者が必要である。学校への理解を求めると同時に、地域や社会からの要望や要請には積極的にかかわる姿勢を持つことが大切である。

●物的条件

学校の施設は学習する子どものために設置されている。公立学校の施設は教育財産である。地方公共団体が教育財産を得るには、国から配当される予算（国税）に加えて地方公共団体の地方税が使われている。また、学校の水道料や光熱費も地方公共団体が負担している場合がほとんどである。

学校を維持する場合、公費負担の原則があることに配慮したい。そして、このことを教職員や保護者に気づかせたい。

学校で創立記念の周年行事を行う場合がある。地域から周年行事の記念として施設や備品の寄贈を受ける場合もある。たとえば、「池とその浄化装置」を施設としてつくっていただいた場合、恵贈された施設は教育委員会に「寄付採納の副申」をすることが望まれる。後年、施設の修理が必要になった場合に、教育財産ではないと、学校運営費では修理ができないことが起きるからである。

最近では、学校の施設を活用する地方公共団体が多い。社会の成熟化に伴い、多くの市民が文化活動に取り組むようになった。しかし、市民の文化活動ができる施設が不足しているのが実状である。学校は、週五日制になり、施設が使われない日時がある。学校の教育課程に影響がない場合は、市民の文化活動やスポーツ活動の施設として開放することが望まれている。

●財政的条件

学校経営では財政的な裏づけが必要である。最近では学校の教育課程で必要なものは学校で準備されているのが一般的となっている。「公費負担の原則」である。小学校では、たとえば図画工作で使用する「彫刻刀」や「切り出しナイフ」などは学校の美術室に消耗品として設置されている場合が多い。以前には個人が使用するものは個人が準備することが普通であったが、危険な事故につながる可能性がある教材は学校が準備するようになった。このような費用は学校運営経費でまかなわれる。学校事務職員が管理職の指示により学校財務の事務処理をすることになっている。

学校経営の財務処理を直接、教育委員会が実施している地域も多い。学校の水道料、電気やガスの使用料を教育委員会が市内の教育施設の光熱費と一括して処理しているのである。これは、学校では財務的な分掌処理の効率化が図られる利点もあるが、課題もある。

すなわち、水道の使用量は、学校の施設内にあるメーターを検針員が測定し、学校に報告するので、使用量は分かる。しかし、使用料金が分からない。このことは電気やガスについてもいえる。

首都圏の学校に設置されているプール一杯の水道料は、地域によって多少の違いはあるが、上水道と下水道を合わせると四〇〜五〇万円である。子どもが予想したり、各家庭で使用する一ヵ月分の使用量より、かなり高いことを知らせ、節水、省エネの意識を喚起させたい。

●調整的条件

学校では、その経営能力の発揮が期待されている。このことについては、ほかで詳しく述べるが、学校に勤務するすべての教職員が、学校経営の一翼を担っているとの意識を育みたい。その場合、「教職員全員が本校の教育目的を共通理解」「本校の校務分掌の処理を通して分掌の調整機能の発揮」「学校に勤務するすべての教職員の特技、能力、資質の向上と発揮する場面の確保」「学校の雰囲気・学習意欲が喚起される学校」に留意することが必要となる。

⑵　望ましい子どもの変容

●正常に成長して当然という意識

わが子が、生誕とともに元気に育つことを願う親は、子どもの動きに合わせてかかわりを考え、工夫している。また、たくさん食べて、いろいろなおもちゃで遊び、早く歩けるようになってほしいと育児に励んでいる。このように、子どもは、周囲の人を通していろいろなものとかかわり、いろいろなものを通して人とかかわることにより、生活の基礎をつくっている。

このようにして、成長や発達を通して、まわりの世界環境に順応して社会の規範的なことを受け入れていく。また、ことばを使うことも加わり、子どもが内面的にも個性化していく。

しかし、一部の親は、保育所、幼稚園へ行くと、子ども同士が遊んでいるときに、わが子が他の子どもと遊ばず一人でいたり、いつも大人が傍らについて遊んでいる様子、他の子どもから孤立している場面などを見て、自分の子どもと同じ年齢の他の子どもとの違いを感じる場合がある。

また、幼稚園などで他の子どもと違う行動をするので、他の親やまわりから白い眼で見られることに耐えながら、親として苦しむことも多くなっている。

祖父母や親戚から母親の育て方が悪いと非難されることも重なって、母親は、わが子をどのように育てたらよいか、子育ての苦労に思い悩むことが多くなる。子どもの状態を見てもらい、子どもに接する方法の工夫を重ねるが、思うように成果が出ない。

小学校に入学するにあたり、就学時健康診断や入学説明会の機会に、校長や養護教諭に相談して、わが子に合った教育を一緒に考えたい。あるケースでは、学校からの紹介で子どもを連れて教育センターに行き、相談した。そこで子どもの状態を検査したうえで、本人は、知的な遅れがあるとの診断から、国語、算数は個別に指導を受けることを勧められた。この結果を校長に話して、個別の指導を受けられる特別支援学級への入級を希望した。

●特別支援の態様、対応、指導法

各学校において、特別支援学級の設置は、学校教育法八一条により、知的障害者、肢体不自由者等の児童の教育にとって欠かせないことであるという認識が高まっている。これは、従来の知的障害、情緒障害等に加えて、文部科学省が平成一四年に実施した調査から、学習障害（ＬＤ）、注意欠陥・多動性障害（ＡＤ／ＨＤ）、高機能自閉症等（アスペルガー症候群を含む）の児童が通常学級に六％程度の割合で在籍している可能性があるとされたことによる。

さらに、通常学級で落ち着きがない、勉強が長続きしないなど、一人ひとりの児童の持つ諸要因（身体状態、知的状態等）に応じて、特別な支援を求めている児童に対して、特別支援教育コーディネーターを核に、（特別支援教育）校内委員会で対象児の教育内容・方法について協議を行い、「個別の教育支援計画」を作成することが求められている。

先ほどのケースの子どもは、小学校に入学後、特別支援学級担任のきめ細かな配慮で、国語、算数の勉強をする。その他の多くの時間は通常学級（一年一組）で、体育や音楽など、みんなと一緒に勉強しているので、友だちもできた。特別支援学級では、本人の状態を細かく見てくれた教育センターの職員も来校して、学校での様子を観察した。その結果、教育センターの職員、担任、特別支援教育コーディネーター、保護者の四人で話し合いが持たれ、B児の個別の教育支援計画が作成され、学校で行う教育内容が決まった。また、家庭における生活目標が明確化され、保護者は安心して子育てができるようになった。教育センターの職員は、これからも来校してB児の学習の様子を観察することになった。

●教育相談、適応指導の必要性

他の子どもの勉強している様子や遊びの様子から、自分の子どもの様子に違いが感じられるようになると、保護者は担任に学校での様子を聴くなかで、わが子の教育はこれでよいのだろうかと不安になり、担任に相談をもちかけるようになる。勉強の仕方や毎日の生活の見直しなど、保護者も家庭で努力をするであろうが、学校では次のような対応がある。

①通常学級から特別支援学級への入級希望者は、小学校一、二年は通常学級に在籍して観察期間としている場合が多い。しかし、生育歴、知能検査、社会生活能力の調査の結果、明らかに知的障害があると認められる場合は、早期から特別支援教育を行う。

②特別支援学級がその学校に初めて開設されたとき、通常学級から特別支援学級への入級希望者については専門機関の所見書などにより校長が許可する。

③知的障害があるが、保護者の意向で通常学級に在籍していたもので、保護者の考えが変わり通常学級から特

別支援学級へ入級を希望するもの、など本人に応じた特別支援学級での教育が行われている。

特別支援学級での教育に変わたことで、従来は登校したがらなかった子どもが、喜んで学校へ行きたがり、しかも、家では手伝いをし、非常に明るくなったという事例もある。

●不登校への対応

不登校状態にある子どもを見ていると一人ひとりの状況は異なっているが、その原因が学校生活上の問題に起因することが多くある。学習の問題、友だちとの問題等々、不登校児の抱えている問題や悩みの解決を図ることが重要である。

また、学校が改善しなければならない点としては、子どもと教師の信頼関係、子ども同士の人間関係、学習の基礎・基本の確実な定着を図ることなどを配慮する必要がある。不登校児に対する教職員の共通意識を高めるための事例研究などを含む研修会の開催、担任を支える校内組織の構築が望まれる。

さらに、学校・家庭・関係機関が相互に連携し、本人の努力も積み重ねられることによって、改善や解決が期待できる。たとえば、学校行事や、学年が変わる進級や卒業による進学がきっかけになって、学校復帰していく場合がある。不登校の状態にあっても、いつでも学校・学級のなかに受け入れる体制をつくっていることが求められる。

進級時、学校に復帰した子どもに、なぜ学校へ帰ろうと思ったのかを尋ねると、次のような答えがあった。

①担任の先生が電話をかけて連絡をくれ、友だちや学校の様子を教えてくれた

②高校に進学したい

③学校へ行ったら友だちが保健室に誘いにきてくれた　など

子どもの状態に応じたかかわりの大切さが伝わってくる。

学級担任は、学級の一人ひとりの子どもが不登校になる可能性があることを心にとどめて、学級の見直し、

児童指導担当、学年主任、養護教諭と連携して不登校児に対する指導体制を確立することが大切である。

●問題行動への対応

小学三年生が万引きしたと知らされれば、だれしも驚く。自分でよく調査して、情報を集めなければならない。小学生は罪悪感に乏しく、遊び半分な態度が見られるが、親や教師のかかわり方次第で、ことの重大さに気づくようである。一方で、万引きしたことを、子どもの自己表現であり、まわりへの警告ととらえると、万引きした子の気持ちの理解が大切であることが分かる。

小学三年生なりの、今できる責任の取り方を指導する。保護者と協力して、家庭で指導してもらうことと教師の指導することを分け、解決の仕方を話し合う。恥ずかしさに対しては共感しながらも、責任は厳格にとらせる。事後指導における厳しさから温かさのあるかかわりを通して、本人の「失敗したが立ち直った」という充実感は、教師の思いやりのある言動、温かい見守りで育成される。

⑶　保護者・地域の期待

●地域、町会等の行事参加を求められて――われらが学校

児童の登下校時に通学路に立ち、交通安全運動を通して子どもたちと挨拶を交わし、顔なじみになっている地域町内会の老人会の行事、敬老会への参加を要請された。地域の人々との交流を図る計画として、高学年の鼓笛隊や合唱団を派遣する。当日は、地域の高齢者が小学生と一緒に歌って楽しいひとときをともにすごした。

●学校の運動会と地域の運動会――学校・地域連携の事例から

小学校学区の町内会を単位として、毎年合同で行われる健民運動会は、小学校を会場に行われる。この行事の準備段階から関係者が学校に訪れ、関係教職員と打ち合わせがある。このなかで、町内の魚屋のAさんは、学校の総合的な学習の時間の地域学習でわかめの収穫、魚の調理等を通して協力関係が生まれ、地域の協力関係の深まりができた。

●荒れる学校――事例校を検証して

A校長が赴任したその日に、学区の住民から、そちらの子どもが家のシャベルを持ち出して公園の砂場を掘っている、なんとかしてほしいとの電話が入った。

早速現地へ行くと、小学生の姿は見えず、シャベルが置き去りになっていた。シャベルを返却し、早速、教頭以下居合わせた職員とこのことについて意見交換した。今日のような事件は、日ごろからあることで、これをした子どもは、授業中も教室を出て、校庭や保健室にいたりする子どもであることが分かった。

校長は、翌日臨時の職員会議を開催、この子どもたちへの対応を協議した。そこで出された意見は、家庭の問題である、卒業生と一緒に行動している、保健室でつなぎ止めたい、担任は持ちあがりだが自分の指導力のなさを感じている、などであった。

⑷ 教職員の指導力・感化力・陶冶

●教育の「不易」三条件

全教職員の参加による学校経営を展開するには教職員の資質の向上が重要であるが、その条件として、教職員の教授力がある。子どもにとって必要と判断した学習内容を、確実に子どもの身につける能力である。子どもが必要を感じない学習もあると思われるが、人間として先輩であり、教員として必要と思うものは自信を持って教授しなければならない。

子どもの学習意欲は学習内容に大きく影響されるという。また、教員による学習活動の工夫にもよるといわれる。ともに重要な条件であるが、さらに教員の感化力が必要である。子どものなかには、「勉強は嫌いだが、先生が好きだから、好きな先生が言うから勉強する」という子どもが多い。教員の感化は子どもの発達段階には関係がないようである。小学校入学前では、「自分の親の次に先生が好き」という子どもは多い。高等学校や大学でも指導者の魅力、感化によって専門領域を決める生徒や学生は昔も今も同じである。

言い換えれば、教員の人間性が子どもに大きな影響を与える環境となる。小学校では「先生の黒板に書く文字」に似た文字が子どものノートに見られる。子どものノートを見れば担任の先生が分かる場合がある。

子どもの学習は子どもと教員が協力してつくりあげるものである。子どもが学習に参加するには教師の「投げかけ」や発問が大きく影響する。たとえば、教員の発問の仕方である。発問の回答が一つしかない場合、教師は挙手する子どものなかから一人だけを指名する。指名された子どもの答えが正しければ、学習内容を理解したとして学習が終了する。回答した子どもの答えが教師の求めているものと違えば、「ほかに？」と発問し、正しい答えが出るまで続く。

ここでは、教師の意図した回答を発表できなかった子どもは学習意欲が減退する。発表しても自分の回答に意見や解説のある評価がなかったからである。

教師の発問によっては回答が複数ある場合がある。たとえば、おいしそうな果物を見せて、「この果物を見て感想を発表してください」と発問する。答えは「美しい色だ」「おいしそうな色だ」「食べたい」「先生と一緒に食べたい」等の発言が期待される。あるいは、「先生はなぜ果物を教室に持ってきたのですか」と教員へ質問をする場合もある。いずれにしても、すべて回答は正しい。一人ひとりの回答について、他の子どもは自分の考えと比較をするだろう。教員も子どもの回答を聞いて、意図的に会話をすることも可能となる。

さらに、教師の発問には、これからの学習をどのように展開するか、「学習方法を学習する発問」もある。たとえば、学習の展開途上で「国道は交通事故が多いと思って、警察署の交通事故発生地図を見たら、子どもたちの予想とは反対であった」とする。この先の学習展開は教師の発問によって大きく影響される。たとえば、「学級で予想したのと違うね。さて、これから、どのような学習をしようか」と発問すれば、子どもからは学習の方法を考えた回答が戻ってくる。「国道を見て事故防止のひみつを探そう」「交通事故を起こさない予防施設を探したい」等、学習活動の方法を答えてくれる。教師と子どもの協力による学習である。

教員の指導には昔も今も、これからも変わらないものがある。「教授」「感化」「陶冶」である。教員の不易といわれる指導法を生かした学習指導が見直されている。

(5) 物的・財政的・行政的な支援の必要

学校の健全な経営を維持するには、前述のように「学校経営の条件＝４M」がいかされることが望まれる。すなわち「マネー＝お金、財政的条件」である。学校には行政から配当される学校運営費がある。この行政からの費用は使用目的が明確になっている。学校の都合で運営費の使い方を変えることは困難である。運営費の使用目的を変えるには、事前に教育委員会と協議するのが一般的である。

そこで、学校の特色や個性を発揮するための財政的な支援が必要になるが、行政では学校の周年行事等、特別に支給するものについても明確にされているのが普通である。

●教育行政、地方自治体への期待

戦前の小学校では、地域住民がお金を出し合って学校を創立したところがあった。現在では国と地方公共団体、そして民間により設立されている。

学校の創立や周年行事に精通している地域の古老に学校の沿革について情報を得ることは、地方自治体への財政支援を求めることと同時に配慮したいことである。

●学校の通過儀礼への期待

学校では年間計画により各種の学校行事を計画している。毎年繰り返される学校行事には、地域の協力や理解が得やすい。たとえば、小学校が運動会を開催する日を日曜日に設定するのは、地域の協力や理解によるところが大きい。日曜日の運動会は、「わが子の運動する晴れ姿を保護者に見ていただきたい。保護者の仕事に影響しない日に設定しないといけない」との学校の意向もある。

あるいは毎年は行われないが、学校の通過儀礼として実施される行事、たとえば校舎の改築落慶では、改築自体は行政によって行われたのだが、改築にいたる経緯においては地域の絶大な改築請願があることもある。

いずれにしても、学校と地域の連携・協力、情報交換等の人間関係が建設的に進行していることが重要な要因となる。

●教育課程に臨時に特設する学習への期待

学校の教育課程は、教育委員会の指導や支援を受けながらも学校の個性や特色が出せるよう、学校の教職員の総意によって編成されるのが一般的である。そして、年度始めに教育課程を編成したら、年度の途中で教育課程の変更をすることは一般的にない。

ところが、年度の途中で学校の教育課程の見直しを迫られる場合がある。たとえば、教育課程の実践途上で発展学習が望まれるようになった場合である。たとえば、総合的な学習の時間に「省エネルギー活動」に取り組んでいたところ、その学習の成果が高く評価され、発表会を開催したいと子どもが望み、多くの教員も賛同した場合などが考えられる。

また、地方公共団体や地域の団体が観劇会や音楽会を初めて開催し、それへの参加を要請される場合なども考えられる。

このような場合は、極力、教育課程を変更するのでなく、教育課程に特別に時間を設けて対応することが大切である。全教職員により編成した教育課程は、できるだけ遵守することが望まれる。

●家庭からの集金等

学校経営を健全に維持するにあたって、年度当初に「公金」と「私金」の区別、とくに保護者から徴収する

「私金」について共通理解を図っておくことが大切である。

以前には、子どもが学校へ現金を持参する場合があった。担任が集金事務をした学校もあるが、多くは保護者の代表やＰＴＡの係員の保護者が集金処理を行っていた。

現在では金融機関の活用により、子どもが現金を学校に持参するようなことはない。

なお、ＰＴＡ会費、遠足・社会見学費等の私金については、年度当初の学校説明会でその必要性、会計報告の仕方等を明らかにしておくことが望まれる。

4　教職員全員による学校経営とは

(1)　学校管理と学校経営

●学校管理とは

学校を管理することと学校を経営することとは異なる。学校を管理するのは管理職である。また、前の章でもふれたが、学校を経営するのは学校に勤務するすべての教職員である。

管理職による学校を管理する内容には、どのようなものがあるか、「学校管理規則」をもとに整理する。この規則は「目的」にもあるとおり、「地方教育行政の組織及び運営に関する法律」の規定により、各都道府県・市町村の教育委員会が制定している。この章では「横浜市立学校の管理運営に関する規則」をもとに述べることにする。

「学校管理規則」を制定する目的は、第一章・総則の一条に示されている。

（目的）

第一条　この規則は、地方教育行政の組織及び運営に関する法律（昭和三一年法律第一六二号）第三三条の規定に基づき、横浜市立の小学校、中学校、高等学校及び特別支援学校（以下「学校」という。）の管理運営の基本的事項を定めることにより、学校の円滑かつ適正な管理運営を図ることを目的とする。

この規則は「地方教育行政の組織及び運営に関する法律」三三条の規定に基づいて、市立の小・中・高等学校等の管理運営の基本的事項を定め、学校の円滑かつ適正な管理運営を図ることを目的としている。

（管理運営の基本原則）
第二条　学校の管理運営は、教育基本法（平成一八年法律第一二〇号）及び学校教育法（昭和二二年法律第二六号）の掲げる教育の目的及び目標を達成するよう行われなければならない。
2　学校のすべての職員は、教育を通じて国民全体に奉仕する公務員として、その職務と責任の特殊性を深く自覚し、この規則及び他の法令等の定めるところに従い、秩序と調和のある学校の管理運営に努めなければならない。

この規則の性格と教職員が地方公務員として法令に従うことを義務づけている。また、管理運営の基本原則にたち、この規則では条文に「校長は…」とあるが、これは、校長自身が管理職として執行するが、その実務を校内の教職員にさせ、校長に報告することとなっている。このことも条文に述べられている。学校の管理職である校長および副校長の職務については、一三条の二、一三条の三で規定している。また、管理職の補佐をする主幹教諭についても、この規則で述べられている。

（校長の職務）
第一三条の二　学校教育法第三七条第四項（同法第四九条において準用する場合を含む。）に定める校長の職務は、おおむね次のとおりとする。
(1)　教育課程の管理運営、所属職員の管理監督、学校施設の管理及び学校事務の管理に関すること。

(2)　前号に規定するもののほか、委任又は専決事項に関すること。

（副校長の職務）

第一三条の三　副校長の職務は、学校教育法第三七条第七項及び第八項（同法第四九条において準用する場合を含む。）並びに横浜市立学校校長代理等設置規則（昭和四一年一一月横浜市教育委員会規則第一一号）に定めがあるもののほか、この規則の定めるところによる。

2　副校長は、校長の命を受け所属職員を監督する。

3　副校長が校長の職務を代理し、又は行う場合とは、次の場合とする。

(1)　職務を代理する場合　校長が海外出張、海外旅行、休職又は長期にわたる病気等で職務を執行することができない場合

(2)　職務を行う場合　校長が死亡、退職、免職又は失職により欠けた場合

（主幹教諭の職務等）

第一四条の三　主幹教諭は、学校教育法第三七条第九項及び第一九項（同法第四九条において準用する場合を含む。）に定めがあるもののほか、校長及び副校長の監督を受け、次に掲げる職務を行う。

(1)　校長及び副校長の学校運営の補佐に関すること

(2)　部の統括に関すること

(3)　教諭等の職務遂行能力の向上に関すること

2　教育委員会は、前項各号に掲げるもののほか、主幹教諭に特定の職務を行わせることができる。

これまでに、学校の管理職と職員会議のあり方が話題となったときがあったが、この規則では次のように規定している。この考え方は上位の教育法規に基づき、全国の教育委員会でも同様の考え方となっている。

（職員会議）

第一八条　小中学校に、校長の職務の円滑な執行を補助させるため職員会議を置くものとする。

2　職員会議は、次の各号に掲げる事項のうち、校長が必要と認めるものを取り扱う。

(1)　学校の管理運営に関する方針等の周知

(2)　校務に関する所属職員等の意見聴取

(3)　所属職員等相互の連絡調整

3　職員会議は、校長が招集し、その運営を管理する。

●学校経営とは——教職員の意識から

前述のように学校運営に関する業務については管理職である校長が行うことになっている。この法規を受けて、校内で校務分掌を作成し、学校運営を実践している。校務分掌については、次のように規定している。

（校務分掌）

第一四条　校長は、秩序ある生活と創造的な活動との調和のとれた学校の管理運営が行われるよう、校務を分掌する組織を定めるものとする。

2　校長は、前項の組織を定め、又は変更したときは、速やかに教育長に報告しなければならない。

3　第一項の組織には、次に掲げる事項を分掌する組織（以下この節において「部」という。）を置くものとする。

(1)　教務、学年の教育活動、広報、渉外、その他（他の部に属さない事項を含む。）学校運営にかかる企画・調整等に関する事項

(2)　教育内容、研究、研修等に関する事項

(3)　児童又は生徒の指導、進路指導、健康、教育相談等に関する事項

4　校長は、前項の規定により部を置く場合にあっては、二以上の事項を一の部において分掌させ、及び一の事項を二以上の部において分掌させることができる。

5　部を統括する者は、第一四条の二第一項に規定する主幹教諭をもって充てる。

すなわち、この規則に規定されている事項は校長の職務であるが、その実務については教職員が校長の監督・指示のもとに行い、校長が教育委員会に対して業務の処理責任を果たすのである。

校内での分掌処理に関するもののうち、教育委員会（教育長）に報告等が規定されているのは、横浜市の場合は、次のようになっている（抜粋）。

＊（学校評価）

第四条の二

4　校長は、自己評価及び学校関係者評価の結果を教育委員会に報告するものとする。

＊（学校評議員）

第四条の三

3　校長は、学校評議員を置くことを希望する場合、教育委員会にその旨を申し出るものとする。

4　学校評議員の人数は、五名以内とし、校長が定める。ただし、教育委員会が必要と認める場合は、五名を超えることができる。

5　学校評議員は、校長の推薦により教育委員会が委嘱する。

＊（教育課程の編成及び届出）

第五条　小中学校の教育課程は、法令並びに学校教育法施行規則（昭和二二年文部省令第一一号）第五二条に規定する小学校学習指導要領及び同令第七四条に規定する中学校学習指導要領並びに教育委員会が定める基準により、校長が編成する。

2　校長は、前項の規定により編成した教育課程について、次の事項を教育長に届け出なければならない。

(1)　学校教育目標

(2)　指導の重点

(3)　年間指導計画

(4)　年間評価計画

＊（学校行事）

第六条　校長は、学校行事を実施するに当たっては、その教育効果、安全性、経費等を考慮しなければならない。

2　校長は、学校行事を実施するときは、教育長が定めるところにより、教育長に届出をし、又はその承認を受けなければならない。

＊（授業日及び休業日の振替）

第七条　校長は、次のいずれかに該当する場合は、授業日と休業日を又は休業日と授業日をそれぞれ振り替えることができる。

(1)　運動会、学芸会等恒例の学校行事を行う場合

(2)　教育上必要があり、あらかじめ教育委員会に届け出た場合

第八条　校長は、次のいずれかに該当する場合は、臨時に授業を行わないことができる。

(1)　非常変災その他急迫の事情がある場合

(2)　教育上特に必要と認め、教育長の承認を受けた場合

2　校長は、前項第一号の理由により授業を行わないときは、その事情を直ちに教育長に連絡するとともに、速やかに文書をもって次の事項を報告しなければならない。

(1)　授業を行わない期間

(2)　非常変災その他急迫の事情の概要

(3)　その他校長が必要と認める事項

＊（教材の選定）

第一一条　校長は、小中学校において教科書以外の教材を使用するに当たっては、有益適切と認めたものを選定するものとする。

2　校長は、教科書以外の教材の選定に当たっては、児童又は生徒の保護者の経済的負担について、特に考慮しなければならない。

＊（教材の承認）

第一二条　校長は、学年若しくは学級全員又は特定の集団全員に対し、準教科書（教科書が発行されていない教科のための主たる教材として使用する教科用図書をいう。以下同じ。）を使用するときは、あらかじめ教育長の承認を受けなければならない。

＊（教材の届出）

第一三条　校長は、学年若しくは学級全員又は特定の集団全員に対し、教科書又は準教科書と併せて計画的かつ継続的に副読本を使用するときは、あらかじめ教育長に届け出なければならない。

(2) ピラミッド型になりにくい学校の特色

校務分掌　○○市立○○小学校

- 校長
  - 教頭
    - 職員会議
    - 指導部
      - 教科・道徳
        - 国語　＊低中高学年、級外、1人
        - 社会　＊低中高学年
        - 算数　＊低中高学年
        - 理科　＊低中高学年、級外、1人
        - 生活　＊低中高学年
        - 音楽　＊低中高学年
        - 図工　＊低中高学年、級外、1人
        - 家庭　＊低中高学年
        - 体育　＊低中高学年
        - 道徳　＊低中高学年、級外、1人
      - 図書　＊1人
      - 視聴覚　＊2人
      - 児童活動
        - 代表委員会　5人
        - 委員会活動　3人
        - クラブ活動　3人
        - なかよし　5人
      - 学級活動　＊児童活動全員で
      - 学校行事
        - 儀式的　＊低中高学年、級外、1人
        - 学芸的　＊各学年から1人
        - 健康安全・体育的　＊各学年から1人
        - 遠足・集団宿泊的　＊各学年から1人
        - 勤労生産・奉仕的　＊低中高学年
      - 児童指導　＊各学年から1人
      - 研究・研修
        - 校内研究推進　＊各学年から1人
        - 初任者研修　＊2人
        - 小集団研究　＊2人
        - 現職教育　＊2人
        - 市内研究会　＊希望者

4　教職員全員による学校経営とは

- 環境教育委員会　＊各学年から１人
- 福祉教育委員会　＊各学年から１人
- 国際理解教育委員会　＊各学年から１人
- 人権教育委員会　＊各学年から１人

- **事務部**
  - **教務**　＊教務主任　＊教務３人
  - **庶務**
    - 庶務一般　＊２人
    - 調査統計　＊２人
    - 教科書　＊２人
    - 記録　＊２人
    - 備品　＊２人
  - **管理**
    - 防災安全　＊２人
    - 環境美化　＊４人
    - 保健　＊２人
  - **経理**
    - 就学援助　＊２人
    - 学校徴収金　＊２人
  - **事務**　＊１人　専門職
  - **給食**　＊１人　栄養職員
  - **保健**　＊２人　養護含む
  - **福利厚生**　＊２人
  - **渉外**
    - ＰＴＡ活動　＊４人
    - 施設開放　＊２人
    - 校外指導　＊２人
    - 地域教育　＊２人
  - **技能**
    - 用務　＊２人
    - 給食　＊４人

- **提案委員会**
  - **運営委員会**
  - **特別委員会**
    - 研究研修委員会　＊各学年から１人
    - 学校防災委員会　＊各学年から１人
    - 障害児教育委員会　＊障害児担任
    - 学校保健委員会　＊各学年
    - 予算委員会　＊各学年と事務
    - コンピュータ委員会　＊各学年

学校組織では、民間会社や行政の組織のように職階がピラミッド型になりにくい性格がある。そのため、管理職の学校運営方針（教育ビジョン）が教職員に十分理解されない場合も起こる。

その改善のために、法規が改正されて、中間管理職の業務を担う「主幹制度」が導入された。職階制が確立したことで、指示や報告の流れが改善されたといわれている。

少し古いが、一般的な公立学校（小学校）の校務分掌（58～59頁参照）を例にみてみる。

校務分掌を構成するにあたって、管理職の下に指導部と事務部が位置づけられている。また、指導部の下には、学年担任をはじめ、学習指導に関する分掌が並列に編成されている。

事務部についても、分掌は並列に編成されている。このような校務分掌を概観すると、一部ではピラミッド型のところもあるが、実務の処理をする場面では分掌が並列に編成されているのが実状である。

事例校の分掌の編成については、提案委員会が原案を作成したが、校務分掌を編成するにあたって、教職員の分掌に対する責任感を育てることを念頭に置いている。事務分掌を公平にすることを考慮する学校もあるが、将来教職員が分掌事務を交代することを考慮に入れ、複数の分掌を複数の職員で処理するのを原則としているのである。

また分掌では、教職員個人の希望、特技等も考慮することが大切である。学校組織活動への意欲ある対応を望むためである。

分掌では、学校の職務を分担して実施することが一般的であるが、事例校では、「委員会」が編成されている。とくに、全校の職員に周知徹底を図るための原案作成は、複数職員による「委員会」で作成する工夫が見られる。複数の職員の合議による「委員会」制では、原案が絶えず新鮮になったり、専任職員の独断を規制したりする働きがある。

たとえば「予算委員会」の場合、教育委員会から各学校に令達された学校運営費について、教頭が独断で執行したり、校長の了解のもと教頭と事務職員の協議だけで運営費が執行される場合がある。学校によっては、たとえば社会科学習指導で掲示用地図が必要な場合、教頭にお願いして購入してもらう。あるいは、学校事務職員にお願いして購入を依頼することがあるという。

予算委員会が設置されている学校では、管理職の了解を得た事務職員が「本年度の学校運営費」について発表する。各教科担当は本年度の学習指導計画を勘案して、教科として購入したい希望備品を申し出る。各校務分掌担当から提出された備品購入希望を集計して、配当予算で間に合うようなら希望どおりの備品を購入する。備品購入希望金額が配当予算より多い場合は「予算委員会」を開催する。この予算委員会では各学年、各教科等、予算要望を出した教職員が招集される。各教職員は自分の希望備品の購入を図るために意見交換をする。結果として教職員どうしで配当予算内の備品購入になるよう努力するのである。

たとえば、学習指導要領が改訂され、小学校社会科において地球儀の学習が新設された。小学校では昭和四〇年代に地球儀を使用する学習があったが、それからおよそ三〇年間以上、その学習がなかった。そこで、社会科主任は「地球儀の必要性」を予算委員会で主張する。他の教科備品の購入についても「必要性・緊急性」が主張される。学校として必要度が高く充足率が低いものを優先して購入順序が決められる。

学校組織では、分掌分担による効率性と「委員会制」による協議を通し、組織としての全体的な雰囲気の清新化・コミュニケーションを図ることができるよう工夫されている。

●管理職が行う「指示・命令」――その実態は

学校運営の組織では、その組織が機能するよう工夫されているが、それらをいくつかの類型に分けることができる。

学校運営組織、すなわち校務分掌は、国の教育法規をもとに地方自治体が条例や規則として、より具体的にした運営組織の権限（学校管理規則）に基づいて実施されるものだとする考えがある。この考え方は、校長の権限を各職階の原則に照らして下部に委譲するものである。この考え方による分掌処理は多くの学校で見られるものである。

また、分掌処理は学校に勤務する教職員の人間関係を基準に執行するものだとする考えがある。この場合は、組織が機能する三原則といわれる人間関係を基にした「共通理解」「協働意欲」「意思伝達」が大切だとするものである。多くの学校の校務分掌で実務に関するものが並列になっているが、その分掌が機能するには、この三原則が大切になる。

校務分掌の執行については、「管理職による指示・命令」を受けて教職員が実務の処理をする。その報告や復命をするという形態が大切にされているが、それだけではないということである。ピラミッド型の組織では横の関係が希薄であるとか、縦割りの分掌に障害や問題点があるといわれるが、学校の分掌では、以前からそのような弊害を予防してきたのである。

●「命令―復命」から「報告・連絡・相談」へ

事例校の校務分掌には、実務を分担している並列型のところもあるが、「委員会」を設置して、分掌処理に協力・協働を発揮させようとする機能を持たせている。今後、多くの学校で配慮される大切な事項である。

校務分掌では「命令―復命」の関係が大切だが、復命に至る経過では担当者や同僚が報告しあい、連絡しあい、相談しあう組織の構築が望まれている。

●他の職種を尊重する態度養成――職種による劣等感の開放を

これまでの学校運営では、校務分掌の執行で、他の職種に無関心であったり、他の職種を蔑んだり、劣等感を醸成させたりする傾向がある学校があった。たとえば、校務分掌において、学校用務員は教頭の指示や命令で学校を代表して地域に出かけたり、教育委員会に出かけたりして、外部との連絡や各種手続きを行う働きを担っている。ところが、ある学級担任がポケットから小銭を出して、それを持たせ不足している教材を文房具屋で買ってくるよう頼むことがあったという。

学校の立地や地域、学校の伝統等にもよるが、「校務分掌は違っても、その執行については平等」でありたい。用務員を一段下に見下すような雰囲気があってはならない。

校長や教頭は管理職という職階である。教職員を指導・監督するのが職務である。教諭は直接子どもの指導に当たるのが職務である。職務は違っても、職務を遂行している人間に上下の差別を持つ考え方は許されない。

学校経営意識が醸成された学校の校務分掌では、このような差別的な雰囲気や慣習は薄くなる傾向がある。校務分掌の正確で迅速な執行をするためにも、学校に勤務する全教職員が学校経営意識を身につけたいものである。

(3)　すべての職種が学校経営意識を

●学校経営意識を醸成する三原則

学校は組織によって成立している。組織は組織目標を設定することが大切である。学校では、学校教育目標がそれにあたる。各学校が学校教育目標に迫るために、少しでも効率よく成果が発揮できるような学校内部の組織をつくる努力をしているのはそのためである。その努力の過程で教職員が協議を繰り返す場合があるが、学校の組織、すなわち校務分掌の作成には学校の基本的な課題が凝縮されている場合があるからである。

効果的な校務分掌を作成し、実務を遂行するには、どのような原則や考え方があるか整理しておきたい。

●校務分掌では共通理解を

校務分掌の究極的な目的は、学校教育目標の具現化にある。そこで、校務分掌の遂行にあたっては学校教育目標の共通理解を図ることが大切である。学校教育目標が作成されていても、何ら目的に接近する行為が行われなかったり、教育目標と無関係に校務分掌が遂行されていては、学校の運営形態は形骸化する。

学校教育目標と校務分掌との関係について、教職員全員で共通理解を図ることである。たとえば、事例校の校務分掌に指導部がある。この指導部は学校教育目標に迫るために、どのような役割を果たしたらよいのか等を共通理解する。指導部の下部組織として、各分掌が位置づけられているが、それらについても学校教育目標等に迫るために、どのような役割を果たすのか、共通理解を図ることである。

直接、指導には関係ない分掌、学校教育目標の到達に関係が薄いと思われる分掌についても、たとえば事務部の分掌が学校教育目標へ迫る過程でどのような働きを期待するのか、共通理解を図ることが求められる。

●校務分掌を処理するには協働意欲を

校務分掌の処理には教職員の「協働意欲」の喚起が大切である。教職員一人ひとりが一所懸命に取り組めばよいというものでもない。取り組む姿勢が学校教育目標に迫っていることが大切である。そのためには、分掌の処理に意欲を発揮すると同時に、協働意欲を発揮することが大切である。

「協働意欲の喚起」と、言葉で述べるのはたやすいが、実行にはいろいろと課題があるものである。学校に勤務する教職員が職種の違いを認めあうことの前に、教職員全員が学校の経営者であることの協働意識を醸成することが望まれる。学校経営感覚の醸成を図ることにより、協働意欲も発揮されてくるものである。

●「権利と義務」から「察しと思いやり」の校内雰囲気づくり

学校の教育活動に「権利と義務」が前面にでている学校の雰囲気では、共通理解を図る雰囲気や協働意欲を発揮する雰囲気は醸成されにくい。学校の雰囲気にコミュニケーションに基づく「察しと思いやり」があると、勤務する教職員の職種に関係なく学校経営感覚が育ってくる。

(4) 少数の貴重な職種を大切に

●全校児童の名前を知っている養護教諭

養護教諭は保健室を中心に勤務している。校内の子どものケガ・疾病等の応急処置を行ったり、健康診断・健康観察等を通して子どもの心身の健康を掌る学校職員である。また、応急処置を施した際は、医療機関受診の必要の有無の判断も行う。

最近では「いじめ」「不登校」等の心の健康状態に課題がある子どもの指導を、養護教諭が中心になって行っている学校が多い。「保健室登校」という言葉もある。女性の養護教諭が多いが、養護教諭には学級担任とは違った優しさ、温かさが感じられるという。学級には入れなくても、保健室なら入れる子どもがいる。子どもの心理に合致した専門職でもある。

学校の規模にもよるが、養護教諭は子どもをよく知っている。校内の子どもの顔と名前が一致するだけでなく、子どもによっては「心の課題」も解決してくれる存在となっている。

「保健主事」に充てられる場合も多い。学校の保健に関する事項の管理である。保健主事は、健康診断、水質検査・照度検査・空気検査などの環境衛生検査、保健衛生知識の普及・啓発教育、学校保健に関する業務の計画や実施を行う。校務分掌は多岐にわたっている。

●「栄養博士」と子どもから呼ばれる学校栄養職員

学校栄養職員の仕事は、大きく分けると二つある。その一つは「献立に関する仕事」である。各地の教育委員会により、学校給食の献立のたて方は多少異なるが、献立は栄養所要量を考慮して作成される。

献立をもとに食材の発注をしたり、調理員へ調理法の指示を行う。さらに、調味料の在庫管理や納品伝票の整理、請求書処理、帳簿作成、給食費の納入状況の把握など、献立業務は多岐にわたっている。

二つは「栄養教育」である。実際に教室を回り、栄養について講義をすることもある。

ほかに給食だよりを発行したり、掲示物を作成したり、教員向けの資料を作成したりする。学級担任には分からない栄養についての専門職である。子どもからは「栄養博士」と呼ばれる者もいる。子どもからの素直な反応が返ってくる専門職である。

二〇〇五年度からは、新たに「栄養教諭」の制度ができた。栄養教諭は教員免許状の「栄養教諭普通免許状」を有し、生徒・児童の栄養の指導および管理をつかさどる。管理栄養士や栄養士の資格が前提である。

●食材産地と調理法をマスターしている調理員

子どもが、学校生活で楽しみにしているのが給食である。学校の給食室でつくられた給食は、配膳室まで子どもが取りにくる。給食調理員はよく「子どもたちの元気な笑顔と挨拶を励みに給食をつくる」と話す。また、衛生管理には万全を尽くす努力をしている。

小学校低学年では、給食を通して学級と給食室の交流が行われる場合が多い。給食に使用される食材の産地は、毎日確認されている。栄養士の指導のもとに調理法も工夫・改良している。

●校内の樹木名を全部知っている用務員

学校用務員は学校教育法施行規則六五条で「学校用務員は、学校の環境の整備その他の用務に従事する」とされている。すべての学校に必ず置かなければならない職員ではないが、各学校において必要な職員とされる場合は学校用務員を置くことができる。

一九八〇年代前半までは、学校用務員が校舎内の専用室や学校構内の一角に設置された住居で、住み込みで働くのが一般的だった。施設管理や小規模営繕、塵芥の焼却処理、深夜の校舎の巡回、忘れ物を取りにきた子どもや保護者への対応も行った。

現在では機械警備が普及し、住み込みの学校用務員は、ほぼ完全に姿を消している。学校用務員の実際の業務は、少人数で学校全体の諸事に携わることから、多岐にわたる技術が要求され、およそ簡素単純な業務にとどまるものではない。なかには、植木屋と同程度の剪定技術を持ち、樹木名に詳しいことから、子どもから何かと慕われる者もいる。

●備品購入のプロ、学校事務職員

学校事務職員は学校教育法三七条で「小学校には、校長、教頭、教諭、養護教諭及び事務職員を置かなければならない」と定められており、この条文は中学校にも準用するよう規定されている。公立学校での正確な職名は「学校行政職」である。また、学校教育法施行規則二〇条および二三条の規定により、一〇年以上、学校事務職員の職にあった者は、校長・副校長・教頭の資格を有する。

公立小・中学校における事務職員の基本的業務は、学校経営資源（ヒト・カネ・モノ・情報）の管理である。学校の実状により、その一部を教員が分掌として扱っている学校が多い。教員として分掌の内容を知るうえで必要な職種である。事務職員の本来行う主な業務をていねいに整理してみる。

①総務

諸規定等の策定…庶務・財務・学籍取り扱い等、校内における諸規定の整備・策定

事務業務の組織整備…学籍、教科書給与事務等、各担当業務の相互調整および集約

文書管理…受付・回議・起案・発送等、文書業務全般の管理

②庶務

証明事務…各種証明書の作成・発行

調査事務…教材費や施設管理状況等、さまざまな調査依頼への対応

③学務

学籍…転出・転入等、在籍児童・生徒の学籍に関すること

教科書給与…児童・生徒・教師用教科書の給与事務

就学援助費等…対象世帯への事務手続き

④人事

職員の人事異動・表彰・公務災害時等における事務手続き
⑤給与
職員の給与支給に関する事務
⑥服務
職員の休暇・休業や勤怠の管理事務
職員の旅行命令（出張）に関する管理事務
⑦財務
給食・学年・学級費（私費）等の取り扱いに関する事務指導
公費予算書の策定、執行状況等の管理運営
⑧財産管理
施設・備品・消耗品の管理。修繕計画の策定
⑨福利厚生
共済組合等による職員の福利厚生に関する事務手続き

5　学校の教育組織とは

(1)　校務分掌の意義

●校務分掌の法的根拠

ある小学校では、地域や子どもの実態から、学校教育目標を①明るく元気な子、②最後までがんばる子、③人のために尽くす子、④心やさしい子、の四項目とした。校長は、この教育目標を達成するために所属教職員が業務を分担して処理する組織として、校務分掌を組織し、教職員の共通理解のもとに学校経営を行っている。

校長は、学校教育法三七条四項（「校長は、校務をつかさどり、所属職員を監督する」）により校務を掌理している。校務分掌は、校長の職務を補助執行するものであるといえる。さらに、学校教育法施行規則四三条（「小学校においては、調和のとれた学校運営が行われるためにふさわしい校務分掌の仕組みを整えるものとする」）の規定に基づいて、学校の運営組織として校務分掌を定め、教職員の役割分担を明らかにして、教育活動が行われる。

●指導と事務の大別

学校運営組織は、教育指導のための組織と、これを支える学校事務のための組織に分けられる。子どもの指導にかかわる教育指導の組織として、学年・学級という教育実践のための単位を設け、国語、社会、理科などの各教科、道徳、特別活動などの各領域、これらのほか、学校保健委員会、特別支援教育委員会など、学校に即した組織づくりを行う。

また、学校事務のための組織には、学籍や文書、視聴覚教材や備品、会計など事務管理の仕事がある。その他、ＰＴＡ関係、学校施設の地域開放などに関する担当もある。

これらの校務分掌は、本校の教育目標を効果的に達成するために組織したものである。

⑵ 指示・命令と服従・実践

●校長のリーダーシップ

学校の現状を見ると、どの学級にも課題のある子どもや親がいる状況が感じられる。校長として、教育活動を通して一人ひとりの子どもの成長を図るために、的確な子ども理解のもとに充実した教育活動を行いたいと考えている。そのために教員の指導力の向上をめざす必要がある。

校長の基本的な考えである学校経営方針を年度はじめの職員会議の説明だけでなく、各分掌の主任に十分理解が得られるような働きかけや、一人ひとりの教員に校長自らの言葉かけを通して教育目標の達成に向けた助言をする。この人間関係を確かなものにすることが日常的に大切である。

また、教員はいろいろの子どもと出会い、その実践を通して行った教材開発や指導法の工夫などの力量を大切に生かし、校長は、教員の抱えている教育課題の解決の方向性を示し、資質を伸ばす助言を行うことにより、教員に充実感を持たせたり、実践意欲を高める働きかけをする。

●教頭の校長補佐と教職員指導

教頭は、学校に朝早く出勤し、一番帰りが遅いのが一般的である。それは職務内容が、多岐にわたる校務を整理することによる。その主な仕事内容は、

①出張の多い校長の職務全般を校内において補佐すること。必要に応じて校長への意見具申を行い、校長の意思決定を適切・容易にする。

②教職員の抱える問題に対してより専門的な指導を行う。
③校長と教職員の間のコミュニケーションの流れに指導的役割を果たすこと。また、ＰＴＡや地域の人々への対応など、学校の要としての役割がある。

(3)「報告」「連絡」「相談」など調整機能の重要性

学校では、教育活動のなかで予想外の事故が起こることがある。たとえば、子どもどうしがけんかをして歯を折るような例では、現場にいる担任の養護教諭、学年主任、保護者への連絡、校長・教頭等への報告が迅速に行われる必要がある。そして事故処理についての相談が行われる。

このようにして問題が発生したときは、校長・教頭を中心にした対応は、正確な情報に基づいた、一連の報告・連絡・相談が円滑に行われることで、学校の調整機能が発揮され、保護者、教育委員会などへの連絡・報告が行われ、問題が収束される。

(4) 分担と協働・協力

学校教育目標の達成をめざし、教育活動に教職員が取り組むために校務分掌組織が編成される。学校経営は、校長を中心に、教育指導のための組織、学校事務の組織など、全教職員で役割を分担して、協働意識を高める。いろいろの教育課題に対応するために、一人ひとりの教職員の協力体制の確立が求められる。

6　専門職としての教師とは

⑴　専門職としての教師

●専門職とは

明治五年の学制とともに国民全体への教育がはじまり、近代国家として子どもを教える教師が誕生した。子どもの教育は、保護者に代わって教員免許状を持つ教師が行うようになった。わが国は、法治国家として、法のもとの教育が公教育として制度化されている。

日本国憲法二六条一項の教育を受ける権利を規定した条文にあるように、その能力に応じて教育を、との理念と教育基本法四条一項に掲げられている、教育の機会均等と併せ考えると、子どもの発達段階や障害の程度など、子どもの状態に応じた教育を行うために、教師は専門職として、教育職員免許法により、校種別・教科別の教員免許状を有することが教育に携わるうえで必要条件となっている。

●他の専門職との相違

子どもを教育するうえで、よりどころとなる学問的基盤として、教育学関連・心理学関連・社会学関連などいくつかの学問を併せ考える、学際的な内容が多くある。

したがって、教師が教育活動として授業などを行うには、目の前の子どもの状態に応じた実践と状態を理解するための研修を常に心がけることが、教師という専門職として求められる。

また、教師の専門性や資質能力の保持と向上に向けて、平成一九年六月に教育職員免許法が改正され、平成二一年四月から教員免許更新制が導入された。その結果、教員免許状は一〇年ごとに免許状更新講習を受けて更新されることになった。

●専門職に認定された経緯

教育は人なりといわれているが、このことは教える立場の人間の力量の大切さを端的に表現している。昭和四一年に採択されたＩＬＯ／ユネスコの「教員の地位に関する勧告」では、教職についてつぎのように示している。

「教職は、専門職と認められるものとする。教職は、きびしい不断の研究により得られ、かつ、維持される専門的な知識及び技能を教員に要求する公共の役務の一形態であり、また、教員が受け持つ生徒の教育及び福祉について各個人の及び共同の責任感を要求するものである」。

このことは、教職に携わるものは、①専門的知識・技術を持つべきこと、②そのような知識・技術はきびしい不断の研究により得られるものであること、③児童・生徒の教育および福祉に、教師個人として、また、教師集団として責任を有することが求められている。教職というものは、「公共の役務の一つ」と明言している。

⑵　研究・研修の連続性が求められる教師

●行政による意図的・計画的な研修への参加義務

教育公務員特例法で措置されている国の研修としては、①初任者研修は、教師として実践活動をするなかで、基礎的素養、学級経営、教科指導、生徒指導、特別活動等、指導担当者から指導を受ける。②一〇年経験者研修は、教職経験一〇年程度の教師が対象で、個々の能力・適性等に応じて、個々の教師ごとに研修計画書を作成して行われる。③指導改善研修があり、任命権者（都道府県、政令指定都市教育委員会）が児童などの指導が不適切であると認定した場合、指導の改善を図るために行う研修で、期間は原則一年実施される。これは、平成一九年六月に教育公務員特例法の一部改正が行われ、二〇年四月から実施されているものである。

また、都道府県・政令市などが実施している研修としては、五年目研修、一五年目研修、二〇年目研修、中堅教員研修、主任研修、教頭研修、校長研修など、該当者に多様な研修の機会が用意されている。

●行政からの校内研究要請への対応

校内研究は、学校の教育課題の解決をめざして、教職員が組織的・協働的に研究に取り組み、教師自らの資質や力量を高め、一人ひとりの子どもの成長・発達を促すための実践研究活動である。研究の過程では課題解決に向けて教師間のコミュニケーションの活発化を図ることにより、一人ひとりの研修意欲を高め、教職員が一体となって課題に向かって活動することができる。この校内研究を通して、協働体制の確立と研修の深まりが見られるので、積極的に校内研究を活用して子どもの成長・発達を図っていくことが望まれる。

●教師に自己研修が認められている法的根拠

教育公務員特例法一条では「この法律は、教育を通じて国民全体に奉仕する教育公務員の職務とその責任の特殊性に基づき、教育公務員の任免、給与、分限、懲戒、服務及び研修等について規定する」としている。研修については「教育公務員は、その職責を遂行するために、絶えず研究と修養に努めなければならない」（同法二一条一項）こと、「教育公務員には、研修を受ける機会が与えられなければならない」（同法二二条一項）こと、「教員は、授業に支障のない限り、本属長の承認を受けて、勤務場所を離れて研修を行うことができる」（二二条二項）こと、「教育公務員は、任命権者の定めるところにより、現職のままで、長期にわたる研修を受けることができる」（二二条三項）ことなどを定めている。

(3) 計画性・創造性が求められる教師

●専門職としてのライフステージ

学校では、地域の実態、子どもの実態、学校の規模、教職員の資質、人間関係や運営組織などが異なるなかで子どもの教育が行われている。このため、そこで学ぶ子どもたちの興味や関心、能力や学力など子どもの成長・発達の特性を踏まえた教育内容、教育方法の開発が求められる。教員免許状を取得して、教師に任用されたら、その後は、経験を積みさえすれば、専門性は保証されるということにはならない。教職に従事していくには、これに対応する専門職として、実践のなかで専門性をはぐくみ、絶えざる研修を積んで向上させなければならない。専門性を深めることを通して教師として自己成長していくのである。

●分掌処理に対応する教師の研修・研究――生徒指導担当、学校警察連絡会

子どものいじめの潜在化、減らない不登校、反社会的行動の低年齢化など、子どもの心の問題は、複雑である。このような状況にあるので、学校では、生徒指導の充実がいわれている。生徒指導は、学校教育目標の達成にむけて、学校の全教育活動を通して進められる。すべての子どもがかけがえのない一人の人間として大切にされ、それぞれが個性を発揮しながら、生きがいのある生活ができるようにすることが大切である。

そのためには、一部の子どもの課題への対応といった対症療法的な指導ではなく、「すべての子どもの健全な成長・発達をめざして、一人ひとりの子どもが学校生活のなかで自己存在感を持ち自己の興味・関心を生かし、自己実現が図られるように支援する」積極的な活動を進めることである。

小学校では、学校生活全体のなかで、子どもに自己存在感が得られる場面をつくること、子どもの自己決定を大切に受けとめること、教師と子ども、子どもと子どもの共感的関係を築くことに配慮した授業を構築し、実践することである。小学校では学級担任制のため、子どもの問題行動を担任一人で解決しようと抱え込み、適切な対応ができず事態が悪化することが多くある。こうした事態を防ぐには、担任一人ではなく、学年・学校全体の協力体制が必要である。児童指導委員会との連携を図り、校長・教頭、児童指導担当、学年主任、学級担任の役割を明確にした協力体制をつくることが求められる。

⑷ 臨機応変、危機管理能力が求められる教師

●校内学習と校外学習の相違――安全確保から

公立義務教育諸学校の学級編制及び教職員定数の標準に関する法律(義務標準法)三条二項により、公立小・中学校の一学級の児童・生徒の数の基準については、四〇人を標準として都道府県教育委員会が定めることになっている。なお、義務標準法の一部改正により、平成二三年四月からは小学校の第一学年は三五人を標準とすることとなった。小学校二学年以上では、たとえば学年の子どもの人数が四一人の場合は二一人の学級と二〇人の学級の二学級となる。同様にして、八〇人の場合は四〇人の学級が二学級できるが、八一人になると二七人の学級が三学級できることになる。

学級の人数が何人程度が理想なのかは、意見の分かれるところだが、学級の人数が少なすぎても子どものコミュニケーションを育てるのに都合が悪いという考え方がある。一方、人数が多いと困るという意見も聞く。この場合、人数が多くて困るのは、学習指導がたいへんになるからだという意見もないわけではないが、一般的には担任一人が子どもの安全を保持できる限界を想定しての意見が多い。

学校は子どもにとって安全な場所であり、居場所でなければならない。学校の安全を維持するために、学校の施設・設備等については学校種別の「設置基準」に定められている。設置基準については、学校教育法三条で「学校を設置しようとする者は、学校の種類に応じ、文部科学大臣の定める設備、編制その他に関する設置基準に従い、これを設置しなければならない」と規定している。

小学校設置基準(省令)を例にすると、その趣旨については以下のように規定している。

第一条　小学校は、学校教育法(昭和二二年法律第二六号)その他の法令の規定によるほか、この省令の定めるところにより設置するものとする。

2　この省令で定める設置基準は、小学校を設置するのに必要な最低の基準とする。
3　小学校の設置者は、小学校の編制、施設、設備等がこの省令で定める設置基準より低下した状態にならないようにすることはもとより、これらの水準の向上を図ることに努めなければならない。

また、施設・設備については、次のように規定している。

第七条　小学校の施設及び設備は、指導上、保健衛生上、安全上及び管理上適切なものでなければならない。
第八条　校舎及び運動場の面積は、法令に特別の定めがある場合を除き、別表に定める面積以上とする。ただし、地域の実態その他により特別の事情があり、かつ、教育上支障がない場合は、この限りでない。
2　校舎及び運動場は、同一の敷地内又は隣接する位置に設けるものとする。ただし、地域の実態その他により特別の事情があり、かつ、教育上及び安全上支障がない場合は、その他の適当な位置にこれを設けることができる。
第九条　校舎には、少なくとも次に掲げる施設を備えるものとする。
一　教室（普通教室、特別教室等とする。）
二　図書室、保健室
三　職員室
2　校舎には、前項に掲げる施設のほか、必要に応じて、特別支援学級のための教室を備えるものとする。
第一〇条　小学校には、校舎及び運動場のほか、体育館を備えるものとする。ただし、地域の実態その他により特別の事情があり、かつ、教育上支障がない場合は、この限りでない。
第一一条　小学校には、学級数及び児童数に応じ、指導上、保健衛生上及び安全上必要な種類及び数の校具及び教具を備えなければならない。

2　前項の校具及び教具は、常に改善し、補充しなければならない。

第一二条　小学校は、特別の事情があり、かつ、教育上及び安全上支障がない場合は、他の学校等の施設及び設備を使用することができる。（傍線は筆者）

このように、学校内で子どもを指導する場合、その安全を施設面から確保することが法令により規定されている。

さらに、本省令の附則の表では細かい数値が示されている。

別表（八条関係）

イ　校舎の面積

児童数	面積（平方メートル）
一人以上四〇人以下	五〇〇
四一人以上四八〇人以下	五〇〇＋五×（児童数－四〇）
四八一人以上	二七〇〇＋三×（児童数－四八〇）

ロ　運動場の面積

児童数	面積（平方メートル）
一人以上二四〇人以下	二四〇〇
二四一人以上七二〇人以下	二四〇〇＋一〇×（児童数－二四〇）
七二一人以上	七二〇〇

また、一学級の児童の数の標準は次のとおりである（公立義務教育諸学校の学級編制及び教職員定数の標準に関する法律三条二項）。

単式学級　四〇人（第一学年の児童で編制する学級にあっては、三五人）
複式学級　一六人（第一学年の児童を含む学級にあっては、八人）

なお、都道府県教育委員会は、とくに必要があると認める場合、右に規定する数を下回る数を、一学級の児童の数の基準として定めることができる（同法同条同項）。
以下は、A県の例である。

（注）ただし、次に掲げる場合においては、この限りでない。
1　単式学級に係る学級編制において、新学習システムの学級編制の弾力的な取り扱いに係る次の研究指定を受けた場合
ア　小学校第二学年から第四学年において、市町教育委員会が三五人学級編制の研究指定を希望し、県教育委員会が認めた場合
イ　上記ア以外の学年で、調査・研究のため、特に県教育委員会が指定する場合
2　上記1以外の学級編制の弾力的な取り扱いについて市町教育委員会が希望し、県教育委員会が児童又は生徒の実態を考慮して特に必要があると認めた場合

子どもが学校で学習活動をする場合、前述のように学習環境については法的に整備され、安全が確保されている。

子どもの学習は施設・設備が十分なら完全かというと、それだけではない。学級担任を中心として学校に勤務するすべての教職員の安全指導が大切である。

学習が学校内で行われる場合は教職員の協働体制が整備され、学習環境が整っているので、右記の設置基準となっている。

学校内の学習ではない、たとえば見学や観察学習で校外に出かけて学習する場合がある。体験学習や林間学校、修学旅行等、宿泊を伴う校外での学習等では、校内の学習環境とは異なっている。校内の教室を中心とする学習活動とは異なっているので、子どもの安全確保に万全を期する必要がある。

山梨県にあるB教育教育委員会の学校管理運営規則では、修学旅行について次のように規定している。

《B市学校管理運営規則》

第五条　修学旅行は、実施する学年の全児童又は生徒数の一〇分の八以上の参加の下に実施するものとする。

第六条　修学旅行における引率の責任者は、校長、副校長、教頭又は校長があらかじめ指名する者とする。

第七条　修学旅行における引率の教職員数は、引率の責任者及び養護関係職員を除き、参加児童又は生徒数三〇人に対して一人を下ってはならない。（傍線筆者）

第八条　修学旅行の出発及び帰校の時刻は、次のとおりとする。ただし、特別の事情がある場合は、この限りでない。

出発　午前六時以降　　帰校　午後七時以前

市町村教育委員会では、都道府県教育委員会の指導や連携をとり、校外学習での子どもの安全に配慮している。学校とは違う校外学習では、引率者の人数を学級での学習より多くしたり、多くの学習時間を設定するなど、子どもの安全指導にとくに留意している。

また、校外学習を指導する場合の留意点としては、

・安全確保とマナーの遵守

・徒歩移動では交通ルールの徹底遵守

・指導者は見学地を下見することによって危険を回避

等が考えられる。

また、幼稚園の園外での学習には、子どもの発達段階を考慮して、とくに園児の安全確保に留意している。

C市の「遠足・園外実施基準」では、次のように規定している。

1　目的

遠足は、園児が園内の保育だけでは学びとることのできない事項を園外において経験させることにより、心身の健全な発達を促し、併せて幼稚園生活の充実向上に資する。

2　実施基準

遠足は、幼稚園教育の目標を達成するために、保育各領域を総合して実施するものとし、特に次の事項に留意して立案する。

(1)　特別の事情のあるものを除き、全員が参加できることを原則とする。

(2)　引率教員は、園児二〇人に対して一人以上を基準とするが、行程を考慮して増減することができる。

(3)　遠足は、年度に二回以内とする。

(4)　不参加者に対しては、保護者にその日の保育内容を示し、適切な指導がなされるよう指導する。
(5)　日程と経費の基準は「別表第1」の範囲内とする。(別表は省略)

●教師が身につける「先見性」

子どもの学校生活は楽しいことが前提である。「楽しさ」を保証するには、前項で述べたように、教育環境の整備と危険未然防止の徹底が必要である。

それと同時に、教師は学習指導や生活指導を通して、「学校生活の楽しさ」を子どもに味わわせることが大切である。教師の学習指導や学級経営のあり方が、子どもの「学校生活の楽しさ」を大きく左右する。そこで、子どもの活動状況の変化から、子どもの内心を洞察する能力や技術を身につけることが大切になる。

D小学校では、子どもの学校生活に変化と楽しさを創造するために、日課時程表に工夫をした。

《日課時程表》

登校	八:一〇〜八:三〇	教職員が当番制で子どもの登校を迎える
朝の会	八:三〇〜八:五〇	教職員は職員打ち合わせ　子どもは学級活動
一時間目	八:五〇〜九:三五	次の学習時間まで五分の休憩
二時間目	九:四〇〜一〇:二五	
中休み	一〇:二五〜一〇:四五	二〇分の長い休憩　遊び時間の保証
三時間目	一〇:四五〜一一:三〇	次の学習時間まで五分の休憩
四時間目	一一:三五〜一二:二〇	
給食	一二:二〇〜一三:〇五	(以下省略)

子どもは朝の校庭で最長二〇分の遊びができる。この遊び時間を楽しみに早く登校する子どもがいる。また、二時間目と三時間目の間にも長い休み時間を設定してある。

いずれも、学校生活を楽しく過ごしてほしいと考える学校経営上の工夫である。子どもにとっては「楽しい時間」であっても、教職員には「先見性」が求められる時間である。子どもの遊び方を見て、怪我を予見する、友だち同士の人間関係の混乱を予見する等、子どもの行動から想定される事故等への対応を考えておくことが大切である。いわゆる「教師の予見能力＝先見性」が必要である。

＊Eさんの事例を見直す

二時間目までは元気に学習活動に参加していたEさんが、三時間目には挙手もしない、発言もしない、うつむき加減でじっとしている。Eさんの学習態度から、「中休み」に何か問題が起こったようだ。

いつもなら、中休みに友だちと不愉快な思いをしても、三時間目には気分を取り直して、元気に学習に参加するのに、「中休み」の不快な出来事を忘れられないらしい。このようなとき、三時間目の学習態度に影響が出ていることを、素早く発見し、Eさんへの対応を考慮できる教師でありたい。

普段のEさんなら、中休みに友だちとのトラブルが発生した場合、自分が被害に遭ったり、自分に非がなかったりした場合は、担任に「中休み」の出来事を報告してくる。学習中に他の子どもからの目線に気を配りながらも、担任に「中休み」の出来事を報告しないEさんへの対応に留意する必要がある。

担任が「中休み」に子どもと一緒に校庭にいれば、Eさんの行動は即座に分かるが、子どもと一緒にいることはなかなかむずかしい。担任は教室から職員室へ移動し、校務分掌の処理をしている場合が多い。

常時、子どもと接していなくても、子どもの様子や態度から、状況の変化を予見できる教師でありたい。Eさんが担任に何も言わないので、担任は養護教諭に連絡を取り、「中休み」にけがをした子どもの様子を確認した。養護教諭からは事故の報告はなかったが、危険で子どもの安全が保たれないと思われる場合は、ただちに未然防止の行動がとれる教職員でありたい。

学校で事故すると、その責任をめぐって訴訟に発展することもある。その多くで、教職員の「先見性」が問われている。

朝の職員室で教職員が打ち合わせをしているとき、学級では子どもの学級活動が展開される。子どもの自主的な活動は担任の継続指導でできるようになるものである。小学校に入学したばかりの子どもには、それができない。やがて、学校生活に慣れ、担任の指導によって朝の学級活動ができるようになると、学級担任は朝の打ち合わせに参加できる。どうしても朝の打ち合わせに出る必要がある場合は、他の教職員に朝の学級活動を指導してもらったり、上級生に学級へきてもらったりすることも考えられる。

毎朝、子どもが行う学級活動では、学級の子どもの全員が、どのような活動をするのか共通理解されているのが普通である。目的意識を持って友だちと協力して活動をしている場合には、事故は発生しないものである。朝の学級活動の時間に子どもがトラブルを起こし、怪我をする場合がある。毎日、整然とした学級活動や朝自習ができている学級でのトラブル発生は、教師は予見しにくい。担任が指導しても朝自習ができなかったり、朝の学級活動に参加しない子どもがいる場合は、トラブルの起きる可能性がある。

トラブルが発生する可能性がある際は、担任は学級を離れないことである。学級を離れるのは、代わりの指導者がいるときである。この原則を忘れて担任が学級を離れたときに事故が起きれば、担任はもちろんだが、学校経営のあり方が問われ、校長やその他の教職員は大きな責任を問われることになる。

7　主任の役割とは

(1)　主任制が必要となった背景

主任制は、「学校教育法施行規則の一部を改正する省令」が昭和五〇年一二月をもって公布され、昭和五一年三月から施行されている。ねらいは「調和のとれた学校運営が行われるためにふさわしい校務分掌の仕組みを整える」ことにある。

小学校の場合は教務主任、学年主任、保健主事、事務主任、中学校はそれらのほかに生徒指導主事、進路指導主事を置くものと規定された。また、これらのほかにも必要に応じて校務を分担する主任等を置くことができることになっており、教科主任や研修（研究）主任なども置かれている。主任の制度化をめぐっては、管理体制の強化に結びつくとして反対運動も起こった。

当時の文部大臣の見解によると、

①多くの学校に主任という名の教師が実在していて、学校運営上重要な役割を果たしていることを正しく認識すべきこと

②学校運営には管理的な面と教育指導的な面があるが、これまでのところ、後者への配慮が軽視される傾向にあること

③主任というのは固定的なものとして考えるのでなく、できるだけ多くの教諭が主任の経験をもてるようにすること

④とくに小学校においては、女性教師の質・量両面の役割が増大していることにかんがみ、女性の主任が増えることを期待すべきこと

等が述べられている。

当時は、主任が管理職か指導職かが論点となったが、後に指導職として位置づけられることになった。また、主任手当の可否も論争の焦点になったが、「教育業務連絡調整手当」として支給されることとなった。

主任制の導入によって、そのねらいであった「調和のとれた学校」も実現したが、一方で「調和が失われた学校」も現れた。いわゆる主任手当の受け取りを拒否したり、拠出したりする動きも現れた。

主任として、教務主任、学年主任、生徒指導主事、進路指導主事は教諭をもって充てられ、その職務は「連絡調整」と「指導、助言」とされた。また保健主事は教諭または養護教諭をもって充て、「保健に関する事項の管理」を行い、事務主任は事務職員をもって充て、「事務をつかさどる」ことになった。

⑵ 校務分掌に位置づける主任

前述のように、主任制が省令により施行されたのは昭和五一年三月であるが、その後の学校運営について、中央教育審議会答申（「今後の地方教育行政の在り方について」平成一〇年九月）では、「学校運営組織の見直し」について、

「学校運営は、校長を中心としてすべての教職員がその職務と責任を十分に自覚し、一致協力して行われることが必要である。生きる力をはぐくむ教育の推進や心の教育の充実が大きな課題となる中で、学校は、個性や特色ある教育活動を展開するとともに、今まで以上に家庭や地域社会と連携協力し、地域に開かれた学校運営を推進することが求められている。（以下略）」

と述べている。

とくに、次のような趣旨により主任制が施行されたことが述べられ、校務分掌については学級担任、教科担任をはじめとしてさまざまな校務を分担する組織体制を整備し、効果的かつ効率的な学校運営を行う必要があることを述べている。

「ⅰ教職員一人一人の専門性を生かして、その能力を最大限発揮させること、ⅱ学校が地域の信頼を確保し、特色ある教育活動を展開するために、明確な教育方針の下に組織的、一体的な教育活動を展開すること、ⅲ今日の学校が抱える様々な課題に対して地域や子どもの状況に応じて柔軟に対応すること、さらに、ⅳ学校の裁量権限の拡大に対応して、学校の管理運営の一層の適正を確保することなどの観点から、学級担任、教科担任をはじめとして様々な校務を分担する組織体制を整備し、効果的かつ効率的な学校運営を行う必要がある」。

主任制は、従来、各地域、各学校ごとに置かれ機能してきたさまざまな主任等を一律に法令上の制度として導入したことなどもあって、教職員団体等の反対運動があり、その後も主任手当の拠出運動などを伴って主任制に反対する運動が長い間継続されてきたことなどから、多くの学校で定着するまでにかなりの時間を要した。

⑶　主任の業務内容

主任は学校における実質的な推進役で、スクール・リーダーの一翼を担うものである。校務分掌においては「企画・立案」「連絡・調整」「指導・助言」の役割がある。

●企画・立案

たとえば、教務主任であれば、教務部という分掌の企画・立案をするのが主たる役割である。分掌として受け持った部門の経営計画を立案することである。企画・立案をする要件としては、次の項目が考えられる。

・担当した分掌が学校教育目標とどのような関連があるかを考察し、「ねらい」をたてる。

・分担した分掌の「ねらい」を達成するための経営内容を作成する。
・分掌の経営内容に対して、人的・物的・財政的・組織運営的条件を考察する。
・分掌主任として担当者への「働きかけ」を明確にする。
・分掌で期待される成果を記述する。

●連絡・調整

たとえば、指導部には教科担当係、特別活動係等の係分担がある。それぞれの係が一定の成果を上げることが期待されるが、必ずしも予定どおりに分掌処理ができるとは限らない。人間関係に起因する課題も生じる。主任として分掌を処理するにあたり、「連絡・調整」について次のことに留意したい。

＊フォーマルな分担部分とインフォーマルな部分を区別して、連絡・調整する

フォーマルな分担とは、たとえば学籍係では、その仕事は教員なら誰が分担してもおおむね分掌処理はできるものである。それに対してインフォーマルな分担とは、たとえば、教員の個人的な特性が全面にでる場合で、犬猿の仲の二人が同じ分掌を担当したり、不得手とする分掌を担当したりした場合の連絡・調整の大切さである。

＊調整とは「目標の達成をめざして統括する仕事」の総称であることを認識する

たとえば、日頃、問題が多い学年で問題が発生すれば、調整するのは当然であるが、日頃、問題なく学習指導している学年に問題が発生したら、日頃の調整チェックが甘かったと考えられる。このことも調整すべきこととして対応したい。

●指導・助言

主任の指導・助言とはリーダーシップである。主任としての資質を磨くのは、校内の分掌処理や研修会である。同僚や後輩へのモラールの高揚を図るうえで留意したい。

指導・助言の視点は、学校経営の条件（人的・物的・財政的・組織運営的な視点）と、ＰＤＳの流れ（計画・実践・評価）に基づくことが望まれる。
リーダーシップについて、リーダーシップの能力を備えていることと、それを発揮できることとは異なる。校長・教頭が意図的に主任を育てる意識をもっていることが重要である。

⑷　主任に求められるもの

以下、校長の校務掌理権、校務分掌の規定に続いて、各主任の法令上の設置根拠および職務内容について示しておく。

学校教育法三七条四項――小学校　校長の校務掌理権
学校教育法四九条　――中学校　校長の校務掌理権
学校教育法施行規則（文部科学省令）四三条　――小学校　校務分掌
七九条　――中学校　校務分掌

●教務主任

学校教育法施行規則（文部科学省令）四四条一項――小学校　教務主任の規定
七九条　――中学校　教務主任の規定

「教務主任は、校長の監督を受け、教育計画の立案その他の教務に関する事項について連絡調整及び指導、助言に当たる」（四四条四項）

●学年主任

学校教育法施行規則（文部科学省令）四四条一項――小学校　学年主任の規定
七九条　――中学校　学年主任の規定

「学年主任は、校長の監督を受け、当該学年の教育活動に関する事項について連絡調整及び指導、助言に当たる」（四四条五項）

●**教科主任、道徳主任、特別活動主任**

学校教育法施行規則（文部科学省令）四七条――小学校　主任等の規定
七九条――中学校　主任等の規定

「小学校においては、前三条に規定する教務主任、学年主任、保健主事及び事務主任のほか、必要に応じ、校務を分担する主任等を置くことができる」（四七条）

●**生徒指導主事**

学校教育法施行規則（文部科学省令）七〇条一項――中学校生徒指導主事の規定

「生徒指導主事は、校長の監督を受け、生徒指導に関する事項をつかさどり、当該事項について連絡調整及び指導、助言に当たる」（七〇条四項）

●**進路指導主事**

学校教育法施行規則（文部科学省令）七一条一項――中学校進路指導主事の規定

「進路指導主事は、指導教諭又は教諭をもって、これに充てる。校長の監督を受け、生徒の職業選択の指導その他の進路の指導に関する事項をつかさどり、当該事項について連絡調整及び指導、助言に当たる」（七一条三項）

●**保健主事**

学校教育法施行規則（文部科学省令）四五条一項――小学校　保健主事の規定
七九条――中学校　保健主事の規定

「保健主事は、校長の監督を受け、小学校における保健に関する事項の管理に当たる」（四五条四項）

●事務主任

学校教育法施行規則（文部科学省令）四六条一項――小学校　事務主任の規定
　　　　　　　　　　　　七九条　　――中学校　事務主任の規定

「事務主任は、校長の監督を受け、事務をつかさどる」（四六条四項）

8　教育法規からみた学校とは

(1)　日本国憲法と教育理念

法治国家として、わが国は戦後に制定された憲法の下で着実な発展を遂げてきたが、その要因として教育の果たした役割は大きい。

ここでは、教育の果たした役割、学校の果たした役割を憲法と教育法規を通して再確認したい。また、情報化の進展など社会の急激な変化に対応して教育法規の改正も行われてきた。それらの状況も整理しておきたい。

●日本国憲法にみられる教育関連条項

＊教育理念の根拠となる条文

第一三条　すべて国民は、個人として尊重される。生命、自由及び幸福追求に対する国民の権利については、公共の福祉に反しない限り、立法その他の国政の上で、最大の尊重を必要とする。

第一四条　すべて国民は、法の下に平等であって、人種、信条、性別、社会的身分又は門地により、政治的、経済的又は社会的関係において、差別されない。

2　華族その他の貴族の制度は、これを認めない。

3　栄誉、勲章その他の栄典の授与は、いかなる特権も伴はない。栄典の授与は、現にこれを有し、又は将来これを受ける者の一代に限り、その効力を有する。

第一九条　思想及び良心の自由は、これを侵してはならない。

第二〇条　信教の自由は、何人に対してもこれを保障する。いかなる宗教団体も、国から特権を受け、又は政治上の権力を行使してはならない。
2　何人も、宗教上の行為、祝典、儀式又は行事に参加することを強制されない。
3　国及びその機関は、宗教教育その他いかなる宗教的活動もしてはならない。
＊教育基本法、学校教育法等の理念となる条項
第二三条　学問の自由は、これを保障する。
第二六条　すべて国民は、法律の定めるところにより、その能力に応じて、ひとしく教育を受ける権利を有する。
2　すべて国民は、法律の定めるところにより、その保護する子女に普通教育を受けさせる義務を負ふ。義務教育は、これを無償とする。
第八九条　公金その他の公の財産は、宗教上の組織若しくは団体の使用、便益若しくは維持のため、又は公の支配に属しない慈善、教育若しくは博愛の事業に対し、これを支出し、又はその利用に供してはならない。

⑵　教育基本法で規定する学校

教育基本法では教育の目的、教育の理念について規定している。また教育に関する学校、国や地方教育行政、私学のあり方についても、その基本的な考え方を述べている。

教育基本法の理念と性格について、以下に整理する。
＊教育基本法制定の趣旨を示した前文
教育基本法（昭和二二年法律第二五号）の全部を改正する。我々日本国民は、たゆまぬ努力によって築いてきた民主的で文化的な国家を更に発展させるとともに、世界の平和と人類の福祉の向上に貢献することを願う

ものである。我々は、この理想を実現するため、個人の尊厳を重んじ、真理と正義を希求し、公共の精神を尊び、豊かな人間性と創造性を備えた人間の育成を期するとともに、伝統を継承し、新しい文化の創造を目指す教育を推進する。ここに、我々は、日本国憲法の精神にのっとり、我が国の未来を切り拓く教育の基本を確立し、その振興を図るため、この法律を制定する。

＊各章に規定されている条項の概要

第一章では、教育の目的および目標について、「人格の完成」「公共の精神」「伝統と文化の尊重」など、今日、重要であると考えられる事項が述べられている。また、教育に関する基本的な理念として、「生涯学習社会の理念」「教育の機会均等」などが規定されている。

第二章では、「義務教育」「学校教育」「大学」「私立学校」「教員」「家庭教育」「幼児期の教育」「社会教育」「学校、家庭及び地域住民等の相互の連携協力」など、教育の実施に関する基本について定めている。

第三章では「教育行政」「教育振興基本計画」について規定している。「教育行政」については、「教育は、不当な支配に服することなく、この法律及び他の法律の定めるところにより行われるべきものであり、教育行政は、国と地方公共団体との適切な役割分担及び相互の協力の下、公正かつ適正に行われなければならないこと」（一六条）などが定められている。

第四章では、「この法律に規定する諸条項を実施するため、必要な法令が制定されなければならない」（一八条）旨を規定している。

⑶　学校教育法でいう学校

学校教育法では、学校教育に関する多くの事項が規定されているが、後述の学校管理規則で具体的に述べるので、ここでは、いわゆる「一条校」について概観を述べることにする。一条校の各学校は公の性質をもつものとされている。

●一条校

＊幼稚園

心身の発達に応じて幼児を保育し、幼児の健やかな成長のために適当な環境を与えて、その心身の発達を助長することを目的とする。昭和二二年の学校教育法の施行によって学校として位置づけられるようになった。

＊小学校

心身の発達に応じて義務教育として行われる普通教育のうち基礎的なものを施すことを目的とする。満六歳になると入学し、修業年限は六年である。九年間の義務教育のうちのはじめの六年間。

＊中学校

小学校における教育の基礎の上に、心身の発達に応じて、義務教育として行われる普通教育を施すことを目的とする。修業年限は三年間。

市町村（または地方公共団体の組合）には小学校および中学校を設置する義務がある。保護者には子が満一五歳に達した日の属する学年の終わりまで就学させる義務がある。

＊高等学校

中学校における教育の基礎の上に、心身の発達および進路に応じて、高度な普通教育および専門教育を施すことを目的とする。

「全日制の課程」「定時制の課程」「通信制の課程」の学科や別科、専攻科を置くことができる。修業年限は、「全日制の課程」は三年、「定時制の課程」「通信制の課程」については三年以上。

＊中等教育学校

小学校における教育の基礎の上に、心身の発達および進路に応じて、義務教育として行われる普通教育並びに高度な普通教育および専門教育を一貫して施すことを目的とする。

平成九年の学校教育法の改正により、中高一貫教育を行う学校として平成一〇年から設立されている。

＊特別支援学校

視覚障害者、聴覚障害者、知的障害者、肢体不自由者または病弱者（身体虚弱者を含む）に対して、幼稚園、小学校、中学校または高等学校に準ずる教育を施すとともに、障害による学習上または生活上の困難を克服し自立を図るために必要な知識技能を授けることを目的とする。幼稚部、小学部、中学部、高等部がある。

＊大学

学術の中心として、広く知識を授けるとともに、深く専門の学芸を教授研究し、知的、道徳的および応用的能力を展開させることを目的とする。

＊大学院

大学に置かれる。学術の理論および応用を教授研究し、その深奥をきわめ、または高度の専門性が求められる職業を担うための深い学識および卓越した能力を培い、文化の進展に寄与することを目的とする。

＊短期大学

大学の一種である。深く専門の学芸を教授研究し、職業または実際生活に必要な能力を育成することを主な目的とする。修業年限は二年または三年。

＊高等専門学校

深く専門の学芸を教授し、職業に必要な能力を育成することを目的とする。学校教育法の改正により昭和三七年に発足した学校。修業年限は五年、または五年六ヵ月（商船に関する学科のみ）。

●「一条校」以外の学校

＊専修学校

職業もしくは実際生活に必要な能力を育成し、または教養の向上を図ることを目的とする。

昭和五〇年の学校教育法改正により発足した。専修学校の課程には、高等課程（高等学校相当）、専門課程（短期大学または一般の大学に相当）、一般課程に区分される。
＊高等専修学校
高等課程を置く専修学校の名称。
＊専門学校
専門課程を置く専修学校の名称。
＊各種学校
学校教育法一条に掲げる学校および専修学校を除いたもので、学校教育に類する教育を行う。

⑷　「地方教育行政の組織及び運営に関する法律」と学校

この法律は、それまで地方教育行政に関する制度を定めていた教育委員会法を廃止したうえで、昭和三一年に施行された。教育委員会法は、教育委員会の委員を住民による公選としていたが、この法律では、地方公共団体の首長が地方議会の同意を経て任命することに改められた。
この法律は、次の章により組み立てられている。
第一章　総則（第一条・第一条の二）
第二章　教育委員会の設置及び組織
　第一節　教育委員会の設置、委員及び会議（第二条～第一五条）
　第二節　教育長及び事務局（第一六条～第二二条）
第三章　教育委員会及び地方公共団体の長の職務権限（第二三条～第二九条）

第四章　教育機関
　第一節　通則（第三〇条～第三六条）
　第二節　市町村立学校の教職員（第三七条～第四七条の四）
　第三節　学校運営協議会（第四七条の五）
第五章　文部科学大臣及び教育委員会相互間の関係等（第四八条～第五五条の二）
第六章　雑則（第五六条～第六三条）

⑸　学校管理規則と学校

教育委員会が制定する学校管理規則は、「地方教育行政の組織及び運営に関する法律」三三条に基づき、各地方公共団体が制定している。

横浜市の学校管理規則（「横浜市立学校の管理運営に関する規則」）を例に、この規則で制定している学校の管理運営の基本的事項、学校の円滑かつ適正な管理運営等を図る内容を小学校および中学校を例にみてみる。

なお、同規則二条一項では、学校の管理運営は「教育基本法及び学校教育法の掲げる教育の目的及び目標を達成するよう行われなければならない」としている。

また、学校のすべての職員は、「教育を通じて国民全体に奉仕する公務員として、その職務と責任の特殊性を深く自覚し、この規則及び他の法令等の定めるところに従い、秩序と調和のある学校の管理運営に努めなければならない」（同規則二条二項）としている。

●横浜市立学校の管理運営に関する規則

「横浜市立学校の管理運営に関する規則」の編成は、以下のとおりである。

第一章　総則（第一条・第二条）

第二章　小学校及び中学校
第一節　学年、学期及び休業日（第三条・第四条）
第一節の二　学校運営（第四条の二・第四条の三）
第二節　教育活動（第五条—第一三条の三）
第三節　組織編制等（第一四条—第一九条の二）
第四節　服務等（第二〇条—第二六条）
第五節　施設及び設備の管理（第二七条—第二九条）
第六節　雑則（第三〇条—第三三条）
第三章　高等学校（第三四条—第四一条）
第四章　特別支援学校（第四二条—第四八条）
第五章　南高等学校附属中学校（第四九条—第五八条）
第六章　雑則（第五九条）
附則

第二章　小学校及び中学校
第一節　学年、学期及び休業日
第三条（学年及び学期）　小学校及び中学校の学年は、四月一日に始まり、翌年三月三一日に終わる。
2　学期は、次の二学期又は三学期とし、校長が定め、あらかじめ横浜市教育委員会（以下「教育委員会」という。）に届け出る。
(1)　二学期

前期　四月一日から一〇月の第二月曜日まで
後期　一〇月の第二月曜日の翌日から翌年三月三一日まで

⑵　三学期
第一学期　四月一日から七月三一日まで
第二学期　八月一日から一二月三一日まで
第三学期　一月一日から三月三一日まで

第四条（休業日）　小中学校における休業日（略）
第四条の二　（学校評価）（以下略）
第二節　教育活動
第五条（教育課程の編成及び届出）　小中学校の教育課程は、法令並びに学校教育法施行規則第五二条に規定する小学校学習指導要領及び同令第七四条に規定する中学校学習指導要領並びに教育委員会が定める基準により、校長が編成する。（以下略）
第六条（学校行事）（略）
第七条（授業日及び休業日の振替）　校長は、次のいずれかに該当する場合は、授業日と休業日を又は休業日と授業日をそれぞれ振り替えることができる。
⑴　運動会、学芸会等恒例の学校行事を行う場合
⑵　教育上必要があり、あらかじめ教育委員会に届け出た場合
第八条　（臨時休業）　校長は、次のいずれかに該当する場合は、臨時に授業を行わないことができる。
⑴　非常変災その他急迫の事情がある場合
⑵　教育上特に必要と認め、教育長の承認を受けた場合

2　校長は、前項第一号の理由により授業を行わないときは、その事情を直ちに教育長に連絡するとともに、速やかに文書をもって次の事項を報告しなければならない。
(1)　授業を行わない期間
(2)　非常変災その他急迫の事情の概要
(3)　その他校長が必要と認める事項
第九条　(出席停止)(略)
第一〇条　(教科書)(略)
第一一条　(教材の選定)(略)
第一二条　(教材の承認)(略)
第一三条　(教材の届出)(略)
第一三条の二　(校長の職務)　学校教育法第三七条第四項(同法第四九条において準用する場合を含む。)に定める校長の職務は、おおむね次のとおりとする。
(1)　教育課程の管理運営、所属職員の管理監督、学校施設の管理及び学校事務の管理に関すること。
(2)　前号に規定するもののほか、委任又は専決事項に関すること。
第一三条の三　(副校長の職務)　副校長の職務は、学校教育法第三七条第七項及び第八項(同法第四九条において準用する場合を含む。)並びに横浜市立学校校長代理等設置規則に定めがあるもののほか、この規則の定めるところによる。
2　副校長は、校長の命を受け所属職員を監督する。
3　副校長が校長の職務を代理し、又は行う場合とは、次の場合とする。
(1)　職務を代理する場合　校長が海外出張、海外旅行、休職又は長期にわたる病気等で職務を執行すること

がで きない場合

⑵　職務を行う場合　校長が死亡、退職、免職又は失職により欠けた場合

第三節　組織編制等

第一四条　（校務分掌）　校長は、秩序ある生活と創造的な活動との調和のとれた学校の管理運営が行われるよう、校務を分掌する組織を定めるものとする。

2　校長は、前項の組織を定め、又は変更したときは、速やかに教育長に報告しなければならない。

3　第一項の組織には、次に掲げる事項を分掌する組織（以下この節において「部」という。）を置くものとする。

⑴　教務、学年の教育活動、広報、渉外、その他（他の部に属さない事項を含む。）学校運営にかかる企画・調整等に関する事項

⑵　教育内容、研究、研修等に関する事項

⑶　児童又は生徒の指導、進路指導、健康、教育相談等に関する事項

4　校長は、前項の規定により部を置く場合にあっては、二以上の事項を一の部において分掌させ、及び一の事項を二以上の部において分掌させることができる。

5　部を統括する者は、第一四条の二第一項に規定する主幹教諭をもって充てる。

第一四条の二　（主幹教諭）　小中学校に学校教育法第三七条第二項（同法第四九条において準用する場合を含む。）で定める主幹教諭を置く。ただし、特別の事情があるときは、この限りではない。

2　主幹教諭は、教諭、養護教諭又は栄養教諭のうちから、教育委員会が任命する。

第一四条の三　（主幹教諭の職務等）　主幹教諭は、学校教育法第三七条第九項及び第一九項（同法第四九条において準用する場合を含む。）に定めがあるもののほか、校長及び副校長の監督を受け、次に掲げる職務

を行う。
⑴　校長及び副校長の学校運営の補佐に関すること
⑵　部の統括に関すること
⑶　教諭等の職務遂行能力の向上に関すること
2　教育委員会は、前項各号に掲げるもののほか、主幹教諭に特定の職務を行わせることができる。
第一五条（教務主任等）　小中学校に教務主任、学年主任、保健主任及び分校主任を置く（学年主任にあっては二以上の学級からなる学年に限る。）ものとする。ただし、当該職務を担当する主幹教諭が置かれている場合又は特別の事情があるときは、これらの一部を置かないことができる。
2　中学校に生徒指導主任及び進路指導主任を置くものとする。ただし、特別の事情があるときは、生徒指導主任又は進路指導主任を置かないことができる。
3　教務主任、学年主任、分校主任、生徒指導主任及び進路指導主任は、教諭をもって充てるものとし、保健主任は、養護教諭又は教諭をもって充てるものとする。
第一六条　（教務主任等の職務）　教務主任は、教育計画その他の教務に関する事項について連絡調整及び助言と指導に当たる。
2　学年主任は、学年の教育活動に関する事項について連絡調整及び助言と指導に当たる。
3　保健主任は、児童又は生徒の保健管理に関する事項について連絡調整及び助言と指導に当たる。
4　分校主任は、分校の校務に関する事項について連絡調整及び助言と指導に当たる。
5　生徒指導主任は、生徒の生活の指導その他の生徒指導に関する事項について連絡調整及び助言と指導に当たる。
6　進路指導主任は、生徒の職業選択の指導その他の進路指導に関する事項について連絡調整及び助言と指導に当たる。
第一七条　（教務主任等の担当及び報告）（略）
第一七条の二　（司書教諭）（略）
第一八条　（職員会議）　小中学校に、校長の職務の円滑な執行を補助させるため職員会議を置くものとする。
2　職員会議は、次の各号に掲げる事項のうち、校長が必要と認めるものを取り扱う。
⑴　学校の管理運営に関する方針等の周知
⑵　校務に関する所属職員等の意見聴取
⑶　所属職員等相互の連絡調整
3　職員会議は、校長が招集し、その運営を管理する。
第一九条　（学級編制）（略）
第四節　服務等
第二〇条　（職務専念義務の免除）　職員の職務に専念する義務の免除は、校長については教育長が、その他の職員については校長が行う。ただし、校長について、職務に専念する義務の特例に関する条例第二条第二号の規定を適用する場合は、校長が行う。
第二一条　（営利企業等の従事についての許可）（略）
第二二条　（教育に関する兼職等についての認定）（略）
第二三条　（休暇）（略）
第二四条　（出張）　職員の国内の出張は、校長が命ずる。ただし、その日数が五日を超える場合は、あらかじめ教育長の指示を受けなければならない。
2　校長の連続して三日を超える宿泊を要する国内の出張は、前項の規定にかかわらず、教育長が命ずる。

3　職員の国外への出張は、教育長が命ずる。
第二五条　（校長の意見の申出）（略）
第二六条　（その他の服務）（略）
第五節　施設及び設備の管理
第二七条　（施設及び設備の管理）（略）
第二八条　（施設及び設備に関する報告）（略）
第二九条　（施設及び設備の目的外使用）（略）
第六節　雑則
第三〇条　（児童等の安全）　校長は、毎学年の始めに、児童又は生徒及び職員の安全に関する事項について計画を作成し、これを実施するものとする。
第三一条　（防犯及び防災）　校長は、毎学年の始めに、小中学校の防犯及び防災に関する計画を作成し、必要な訓練を行うものとする。
2　校長は、学校の安全管理、学校防犯マニュアル及び横浜市防災計画等を踏まえ、前項に規定する計画を作成するものとする。
3　校長は、第一項に規定する計画を作成したときは、速やかに教育長に報告しなければならない。
第三二条　（事故の報告）　校長は、児童、生徒又は職員に関し、重要と認める事故が発生した場合は、その事情を直ちに教育長に連絡するとともに、速やかに文書をもって報告しなければならない。
第三三条　（表簿）　校長は、小中学校に法令、条例、規則その他の規程の定めるところにより、必要な表簿を備えなければならない。
第三章　高等学校（略）

第四章　特別支援学校（略）
第五章　南高等学校附属中学校（略）
第六章　雑則（略）

⑹　教育法規の解釈

●教育法規を解釈する場合の基本的事項の解説

教育関連の法律、地方自治体が制定する条例や規則、学校では必要に応じて確認する頻度が高い学習指導要領等は、法規としての表現となっている。

学習指導要領の第一章を事例として取りあげ、法規（法令用語）の解釈について整理しておきたい。

＊事例1

○小学校学習指導要領　第一章　総則　第一　教育課程編成の一般方針　1

「各学校①においては、教育基本法及び②学校教育法その他の法令並びにこの章以下に示すところに従い、児童の人間として調和のとれた育成を目指し、地域や③学校の実態及び児童の心身の発達の段階や特性を十分考慮して、適切な教育課程を編成するものとし、これらに掲げる目標を達成するよう教育を行うものとする。④

学校の教育活動を進めるに当たっては、各学校において、児童に生きる力をはぐくむことを目指し、創意工夫を生かした特色ある教育活動を展開する中で、基礎的・基本的な知識及び技能を確実に習得させ、これらを活用して課題を解決するために必要な思考力、判断力、表現力その他の能力をはぐくむとともに、⑤主体的に学習に取り組む態度を養い、個性を生かす教育の充実に努めなければならない。⑥…」

《解説》

①「各学校」…学校の全部を意味する。例外なく全部の学校が従うこと。

②「及び」…「及び」の前の事項と後の事項は同等だが、前の事項が優先して扱われる。
③「や」…「や」の前と後では、前が優先する。
④「ものとする」…例外なく、指示どおり行う。命令に従うこと。
⑤「とともに」…「とともに」の前に示している学習活動と、その後に記述してある学習活動とは、対等に扱う。扱う順番は前の活動が先だが、順番が逆になってもよい。同時進行もある。
⑥「なければならない」…例外なく、指示どおり行う。命令に従うこと。

＊事例2

○小学校学習指導要領　第二章　各教科　第二節　社会　第一　目標

「社会生活についての理解を図り①、我が国の国土と②歴史に対する理解と愛情を育て、国際社会に生きる平和で民主的な国家・③社会の形成者として必要な公民的資質の基礎を養う。」

《解説》

①「図り」…「図り」は、これまで学習していない新事項を扱うこと。なお、「図り」ではなく「重視する」とされている場合は、これまでも学習しているが、さらなる学習が必要な場合の扱いをする。
②「と」…「AとB」では、「と」の前A、後Bは同じ扱いをする。「国土」と「歴史」を同等に扱う。
③「・」…「A・B」では、前Aと後Bは別々に区別しないで同次元で一緒に取り扱う。「国家」・「社会」を一緒に取り扱う。

＊事例3

○小学校学習指導要領　第二章　各教科　第二節　社会　第二　各学年の目標及び内容　第三学年及び第四学年　3　内容の取扱い(4)

「内容の(4)の「災害」については、火災、風水害、地震など①の中から選択して取り上げ、「事故の防止」については、交通事故などの事故防止や防犯を取り上げるものとする。」

《解説》

①「など」…「など」がある場合は、「など」の前の事項から選択して取り扱う。火災、風水害、地震のなかから選択して取り扱うということである。「など」がなかった場合はすべて取り扱う。

⑺ 教育法規を意識しない日常の学校

●法規を意識しない平常学習

学校の教育活動は、法規に基づいて展開されることになっている。教育活動だけでなく、それを支える教育施設、支援者等についても教育法規の規定により活動している。

教育活動のほとんどが何らかの法規に定められている枠のなかで展開していることを確認しておきたい。日頃の教育活動、たとえば担任による教科指導が展開されている場合、教室に子どもがいる根拠、教科指導をする根拠、教材や教科書を使う根拠、学習指導で教師に認められている裁量の根拠、指導で禁止されている事項の根拠など、すべて法規の根拠がある。

日常的に、子どもを目の前にして、教育課程を整然と展開するつもりでいても、すんなりと行かず、何かと課題がある。突発的な対応が必要になることもある。そのたびごとに法的根拠に遡って対応することは、時間的にも無理であろう。子どもとの人間関係が崩れることも考えられる。

したがって、日常の学習指導が整然と展開されている場合は、法規を気にすることはなかろう。何か問題が発生した場合は、法的根拠に基づく対応が大切になってくることに留意したい。

●問題解決は教育法規で

前述のとおり、教育活動には法的根拠があるが、日頃の活動で気にすることはほとんどない。何か問題が発生し、その問題を解決するにあたっては法規に照らして取り組むことが必要である。

学校内で問題が発生した場合、問題の当事者が対応し、解決を図ることは少ない。むしろ、当事者だけで対応するのは避けることが望ましい。学校内には校務分掌があり、管理職もいる。問題の解決には、学校の全職員がかかわって対応することが大切である。突発的な問題対応が発生した場合、教職員への情報伝達や共通理解等、日頃のコミュニケーションの積み重ねが発揮されることになる。

突発的な事故に遭遇した場合、分掌では、問題解決のための校内対応と対外対応がある。対外対応では管理職が直接対応することが大切である。その場合、関係法規に詳しい教育委員会事務局への連絡とその指導を仰ぐことが望まれる。

9　経営を意識した教育指導とは

(1)　経営を意識した教育指導

●小学校の学習指導事例から

小学校は、そのほとんどが学級担任制である。学級担任はその学年の各教科、道徳、特別活動、総合的な学習の時間等、すべての学習指導に当たるのが原則である。しかし、小学校教諭の免許は持っていても、すべての学年のすべての学習内容に精通するのは困難である。そこで、多くの学校では校内の協働研究体制をつくり、協働で教材の研究開発を試みている。

とくに、小学校では、学区域を中心とした地域を教材として取り上げる場合が多い。地域の特性や事情を加味して、地域の実態に応じた学習指導計画をたてている場合がある。教員は、数年程度を節目に転任するところが多い。学校が変われば、地域の様子も変わる。転任した教員は、勤務する学校の地域の様子を理解することが、まず大切である。

このような場合、教員個人の努力には限界があろう。教員全員が、学校経営の意識を持って、教材開発や地域理解を進めることが望まれる。

次の事例は、小学校中学年の地域学習である。子どもに学区探検をさせて何を発見させ、何を教材とするか、学校の全教員が自分の学区にあるビニールハウスを例に教材開発を試みたものである。

この学校の学区には、都市近郊の田園地帯がある。最近では田畑の耕作地が開発されて住宅地になったり、駐車場になったりと変貌が激しい。大型ビニールハウスを何棟か有している農家もある。

「このビニールハウスでは何が栽培されているか」と子どもにたずねると、ほとんどの者が「知らない」と答える。なかには「トマト」と答える子どももいる。そこで教頭が農家に連絡し、ビニールハウスの見学を申し入れ、農家は快く了解してくれた。見学に先立って、地域の農家の野菜生産について学習会を開いた。多くの教員は、ビニールハウスの中は畑のようになっていて、野菜が栽培されていると思っていた。農家の方を学校に招いて話を聞いたところ、中は畑ではなく、大きめの植木鉢のようなものがたくさんあり、そこで「トマト」を栽培しているのだそうだ。年間を通して、いつでも栽培しているという。

教員の多くは、農家の方の説明に対して、もともと畑だったが、そこに鉢をたくさん置いているのはなぜか、なぜ年間を通していつでも栽培できるのかが疑問であった。

農家の方の専門的な話を子どもに分かる教材にするには、教員のさらなる研修が必要であった。そこで中学年担任が全校に呼びかけ、農家のコンピュータ管理されたビニールハウスの教材化を図ることにした。畑でなく鉢植えにする理由を子どもに分かりやすく解説できる工夫をする指導法、そして年間を通してハウスの室温管理に必要な費用と収穫したトマトの販売収益から農家が取り組んでいることの指導法について教材化することに対して、他学年の教員が協力を申し出てくれた。

最先端のバイオ技術を駆使したビニールハウスの実態を、見学を通して実感した教員の取り組みに期待が持てよう。

●中学校の学習指導事例から

中学校では教科担当の指導が行われ、教科指導者が学級担任をしている場合が多い。同一教科の教員は学校の規模や教科の指導時間にもよるが、多くても数名程度であろう。

校務分掌で指導する学年や学級があてられる。教科の専門職として同じ教科の教員が「教科部会」等を行うが、日常の学習指導では教師個人の指導観が優先しているのが実状であろう。これまでも、たとえば学期の中間試験や期末試験の問題作成を分担する等の教科指導上の経営はあったが、今後は教材研究等でのいっそうの協力や分担、指導上の共通理解等が望まれる。

以下は、社会科地理分野で、教科担当の共通理解と協働意欲を喚起させた例である。

国内の地域学習で、学校給食で食べている野菜が話題となった。「給食の食材御三家」といわれるのは「にんじん」「たまねぎ」「じゃがいも」であることを指導した。どの野菜も年間を通して食材として購入できるものである。

「たまねぎ」は北海道と四国地方が生産時期を分担して、年間を通して市場に出回る工夫がされている。「じゃがいも」も同様に北海道と九州・四国で分担されている。いずれも首都圏から遠い地方で生産されている。ところで「にんじん」も分担しているのか、それとも保存をしているのかが話題となった。生徒は「いつでもニンジンはみずみずしい」と発言した。生産地は北海道、徳島、千葉であった。

なぜ千葉が「にんじん」の生産地になっているのか、また、北海道や徳島の「にんじん」は収穫期がいつなのかが話し合われた。社会科担当の教諭の専門は歴史であり、地理分野の野菜産地について詳しくは分からなかった。生徒からの質問に、次回の授業までに調べておくことを約束した。

同じ社会科担当の教員に聞くが、詳しい者はいなかった。このことをよい機会と捉えて、教科担当が一緒に定期的に教材の研究調査を行うことにした。

今回の研究調査では「にんじん」には東洋系の長いものと、ヨーロッパ系の短いものがあること、にんじん栽培は収穫までおよそ一〇〇日であること、にんじんは赤黄色が多いが、深紅、黄色、白、紫等、カラフルであること、にんじんはセリ科で、朝鮮人参はウコギ科であり別種であること、北海道は秋にんじん、徳島は春にんじん、千葉は冬にんじんと産地リレーができていること等が分かった。

教科担当での協力や分担は、短い時間のなかでも研修量がたいへん多く、深くできるよさがある。この研究調査は学校経営会議に提案された。この学校では「教科担当者会」が定例的に開かれているが、教科担当が連絡を取り合い、臨時の研究調査も随時行われているという。

⑵　経営を意識した学級担任、生徒指導担当

●小学校の学級担任の学習指導事例から

次は、服装が乱れ、遅刻の常習者である一人の高学年男子に生活指導をしてきた担任と学校の職員の対応の事例である。校長が、日頃から教頭や担任との共通理解をよく図っていたこと、そして教職員の相互に協働意欲が育っていたことがわかる事例となっている。

高学年男子の名前は「K夫」である。K夫は毎朝のように学校に遅刻してくる。他の子どもはそのことを気にしていない。若い女性担任は、遅刻も乱れた目立つ服装も注意したいと思っているが、自分より背が高く、体重もあり、体力もあるK夫に注意ができないでいた。学年主任や教頭もK夫の遅刻には気をつけていたが、乱暴をしたり、他の人に危害を加えるわけでもなく、友だちとも仲よく過ごしているので、とくに注意することはなかった。担任・学年主任・教頭は、K夫の行動について連絡を取り合ってはいたが、学校生活で他人に迷惑をかけていないので、遅刻は黙認の状態であった。

さて、この学校では月曜日の朝に校庭で朝会が行われ、校長が講話をすることになっている。学校近隣の家では、校長の講話が始まると窓を開けて聞く習慣がある。校長の講話が地域で話題になったり、町会の清掃活動のきっかけになったりする。

学校の共同研究は総合的な学習の時間を使って「エネルギー教育」を取り上げていた。代表委員会の活動を全校で盛り上げる実践指導の研究をしていた。校長はエネルギーについて造詣が深く、朝会の講話でもエネル

ギーについて話すことが多かった。

ある月曜日の朝、朝会が始まる三〇分も前に、K夫が登校してきた。しかし、K夫は教室に行かずに、校長室の前の廊下を行ったり来たりしていた。いつものように早くから出勤していた教頭は、K夫に話しかけた。

「すばらしいね。月曜日の朝から早く登校して。担任の先生を待っているのかな」

「べつに」

「お友だちと何か約束して、早く学校に来たのかな」

「べつに」

「ここは校長室の廊下だけど、校長先生にお話があるのかな」

「いちいち、うるさいよ。教頭はあっちへ行け」

教頭はK夫の態度に異様なものを感じた。K夫の話し方から、K夫が校長先生に何か文句を言いたいように感じられた。まもなく出勤してきた担任に、「K夫君の先週の学校生活はどうだったかね。何か変わったことはなかったかな」と聞いたが、担任にはとくに思い当たることはなかった。

担任も校長室の前の廊下に行き、立ち歩いているK夫に、

「おはようございます。先生はうれしいな、K夫君が早く学校に来てくれて。先生は驚いているのよ」

と、話しかけながらK夫の様子を探った。

「せんこう（先生）は、うるせぇー。あっち行け」

職員室に戻った担任は、K夫の話し方はいつもと同じだが、何か違うようにも思われた、と教頭に報告した。教頭は、K夫が「校長先生に危害を加えるのではないか」と感じ、すぐに校長の携帯電話に連絡を入れた。

「校長先生ですか。今、どちらにおられますか。いつも遅刻する六年生のK夫さんが校長室の前の廊下をうろうろ歩いています。理由を聞いても話してくれません。校長先生に何か話したいようです。校長先生に危害を

加えると大変なので、玄関に入る前に連絡してください」と話した。校長は教頭の電話に違和感を覚えたが、言われたとおり、玄関へ入る前に教頭に出てくれるよう、携帯電話から学校へ電話をした。

教頭は教務主任と若い男性教員二人を連れて玄関に迎えにきた。K夫も校長が玄関に来たのに気がついて、やってきた。K夫は、

「校長。校長は学校にくるのが、おせー。月曜日ぐらい早くこいよ」

と大声で怒鳴った。

いつも遅刻するK夫はとくに月曜日が苦手で、毎週のように遅刻する。今日は月曜日だが、早くから登校して、校長に話がしたかったようだ。校長は、

「K夫さん、おはよう。校長先生が遅くなって、ごめんね」

と応えた。K夫は、

「せっかく早くきたのによ。校長が、おせーから、話ができなくなったろ。朝会が終わったらきてもいいか」

と言う。いつものように乱暴な話し方だが、校長先生に話をしたくて、早く登校したことが分かった。担任は教頭に、

「K夫さんは、昨日、家庭でいいことがあったのよ。もしかしたら校長先生の『省エネ』かも…」

と話した。教頭も納得して、

「校長先生、朝会が終わったら、K夫さんのお話を聞いてくれますか。担任も望んでいるようですが」

と話した。

朝会が終わると、学年ごとに整列して昇降口に移動するが、K夫は学級の列からはみ出して駆け出し、校長室に向かった。多くの教師がK夫の行動を見守った。

K夫は校長に、昨日の日曜日に家族で海釣り公園に行った話をした。K夫の家では、校長先生の朝会の話を聞いて家族が協力して「省エネ活動」をしていたという。母親から、先月より二、〇〇〇円も電気代が安くなったと家族に報告があった。がんばった二、〇〇〇円は母親が預かると言ったので、家族会議を提案して海釣り公園に行くことになったという。

魚は少ししか釣れなかったけど、父親といろいろな話ができたこと、お兄さんと釣り競争をして勝ったこと、家族で朝から夕方まで一緒にいたのは生まれて初めてだと校長先生に話したという。

後日、校長先生は「家族で省エネをすると、家族の団らんができる」というK夫の家族の紹介をした。その後の校内研究は大きな盛り上がりをみせたという。

●中学校の生徒指導担当の指導事例から

生徒の校内暴力や反社会的行為が問題となり、教育の荒廃が叫ばれたことが、過去にあった。主任制度の導入で、これまでも校務分掌に位置づけられていた「生徒指導主事」が、法的な根拠に基づいて活躍している。

この事例は、生徒指導担当が近隣の小学校に呼びかけて、小学校と中学校が連携して中学生の学校生活の態度を改めさせたものである。中学校の教職員の協働意欲の高まり、隣接の小学校との連携・協力、両校の校長や教頭の学校経営についての共通理解の実践が読みとれる。

数年間にわたって生徒の校内生活が乱れた中学校があった。教職員は協力して生徒指導に当たってきたが、効果が見えなかった。学校は部活動が盛んで、とくに体育系の部活動は、長きにわたって活躍していた。チーム競技の球技の部活動では、部活動に来なかったり自分勝手な行動をとる生徒は、その部活から脱落した。脱落した生徒は、校外で反社会的な行動をとるようになり、警察のお世話になる者も現れた。

しかし、陸上部はチームプレーよりも個人の技能を高める。他の部活から脱落した生徒が学校の内外で問題行動を起こさないよう、部活顧問が話し合い、脱落した生徒を陸上部で活動できるように配慮した。陸上部の顧問の人数を増やし、生徒指導のベテランも顧問に加わった。部活顧問の期待に応えて、多くの脱落生徒が陸上部に入部した。しばらくはよい方向に展開していたものの、部活動に魅力が感じられなくなって、陸上部からも足が遠のく生徒が出そうな気配が感じられてきた。

一方、隣の小学校では、市内の全小学校が参加する連合運動会の練習が始まっていた。小学校の担任は練習を指導しているが、「走り高跳び」などの指導技術を持っていなかった。

陸上部を抜け出した生徒が小学校の練習風景を見ていたので、中学校の生徒指導担当が生徒に、

「小学生に負けないよう、学校に戻ろう」

と声をかけた。生徒は、

「小学校のやつら、下手だな。せんこう（先生）も教えられねー」

という。

「そうか、小学生に教えてやるか？」

と生徒指導担当がなげかけると、

「小学校のせんこう（先生）より、俺のほうがうまい。俺なら見本を見せてやる」

と意欲を示した。

陸上部顧問の生徒指導担当が、教頭と校長に部活動から脱落しそうな生徒の処遇として、小学校に出向くことを相談した。校長は、教頭に小学校へ相談に行くよう指示した。小学校では校長と六年担任が、来校した中学校の教頭と話し合いをした。やはり、小学校では練習はしているが、指導ができていないのが実状であった。しかし、部活動から脱落するかもしれない生徒が指導にくることは心配でもあった。

翌日から、生徒指導担当が中学生を引率して、小学校の朝練習に指導にきた。初日の中学生は、運動する服装ではなかったが、上着を脱いで小学生に「走り高跳び」を実演してみせた。小学生はすばらしいジャンプに

感動して、拍手が起き、「どうしたら飛べるか教えて」との質問もあった。中学生は明日もくると約束し、翌日は家から直接小学校に来た。生徒指導担当も直接小学校にきた。昨日のジャンプが中学校で話題になったようで、生徒の数が増えていた。

数日が経過した。練習している小学生と指導する中学生の数が同じになり、個人指導が可能になった。さらに数日が経つと、中学生の数が小学生より多くなっていた。練習時間は八時~八時二〇分であったが、中学生は八時前に小学校の校庭にくるようになった。中学校の教員の数も、いつの間にか増えており、小学校の教員も早く出勤するようになった。当初は不平を言う小学校の教員もいたが、やがて不平は消えた。

中学生の態度が変わった。言葉遣いは乱暴だが、小学生は「先輩、教えて」「先輩、もう一回跳んで。走って、バトンタッチして」など指導を期待している。中学生は、小学校の校庭で体操着に着替えるようになった。茶色や紫の髪の生徒が次第に減り、やがて全員の髪の毛が生まれたときと同じ真っ黒になった。ずり落ちそうなズボンの生徒もいなくなり、服装がきちんとした。

小学生は次第に技能を身につけた。連合運動会では「走り高跳び」で歴代記録を更新する新記録を出した。この記録は現在も塗り替えられていない。市内陸上競技場には、今でも記録者の学校名と記録数値がパネルにはめ込まれ、燦然と輝いている。

連合運動会の翌月、中学生の陸上競技大会が開催された。小学生が中学校を訪問し、盛大なエールを送った。中学校では整然とした教育活動が展開されるようになっていた。

(3) 経営を意識した各種主任

●経営感覚を身につける教務主任

学校教育法施行規則四四条四項（中学校は七九条で準用）で「教務主任は、校長の監督を受け、教育計画の立案その他の教務に関する事項について連絡調整及び指導、助言に当たる」ことになっている。

教務主任の人選にあたっては、校長の学校経営ビジョンに基づいて決まるのが一般的である。校長は教員の構成状況や年齢、経験年数等によって、誰を教務主任にするか判断することになる。実際、ベテランで有能だと思われるが着任して日が浅い教員と、年齢は若いが本校に長く勤務して校内や地域に精通している教員がいる場合、人選に迷うことがある。この場合は教頭の適切な補佐が求められよう。このように選ばれた教務主任には、学校経営の立場から職務を遂行することが求められる。

前述のように、教務主任をはじめ各主任は「企画・立案」「連絡・調整」「指導・助言」に当たることになっている。教務主任は勤務校の教育計画にかかる重要な職務を担うことを認識したい。教務主任は、職務を通して能力や自覚を有していることが求められるので、自分自身の性格や能力の長所や短所を再確認しておくことが必要である。

校務分掌では、教務部に所属している教員が何人もいる。教務主任には、その教員とともに教育計画の企画・立案をするときに、リーダーシップを発揮することが求められる。また、分掌の処理にあたっては部内の教員との連絡・調整が重要だが、同時に全教員との連絡・調整も必要である。また、教員を指導・助言することも求められているが、その際には人間関係や教員の経験年数等に十分留意することが求められる。

●経営感覚を身につける学年主任

学年主任についても、学校教育法施行規則四四条五項（中学校は七九条で準用）で、「学年主任は、校長の監督を受け、当該学年の教育活動に関する事項について連絡調整及び指導、助言に当たる」ことになっている。学年主任には学年経営が求められている。学校教育目標の達成に向けて、学年単位の学年経営計画を立て、それを実践する経営努力が求められる。そのためには、同学年の協働が重要になる。

校長は、小学校では学級数に応じて学級担任を人選する。学級担任の人選では「教員なら、誰でも、どの学年でも担任できる。担任としての成果を上げられる」のが原則だが、実際には低学年の指導に精通している一方で高学年担任を嫌う教員、その反対の教員、担任より専科をしたい教員等、教員のインフォーマルな側面を考慮する必要がある。そこで、校務分掌の作成にあたって、学級担任だけは教員の意向調査を実施して、それを加味して人選をすることになる。

学級担任を確定した学年の教員集団から学年主任を選ぶ場合、学年主任を校長が決める場合、さらに同学年教員の合議によって学年主任が選抜され、その結果を校長が承認する場合がある。いずれにしても教員の担任希望や意向調査を大切に考えたい。

同学年の担任には、学年主任より経験豊富な者、学年の協働意識より「学級王国」的な学級経営をしたい者、学級担任の意識が弱く自分の家庭の都合を優先し、休暇を頻繁にとったり学年会議に欠席したりする者、また中学校では学級担任より部活顧問を優先しがちな者等、多種多様な教員が同学年になることが予想される。そのような担任とともに学年経営をすることを認識しておくことが大切である。

学年主任には、学年経営における「企画・立案」「連絡・調整」「指導・助言」の機能を発揮することが求められる。そのためには同学年担任と学年経営について共通理解を図ること、同学年担任の協働意欲を引き出すこと、その根底として教職員間のコミュニケーションがとれていること等が必要である。

●経営感覚を身につける保健主事（保健主任）

保健主事（保健主任）については、学校教育法施行規則四五条四項（中学校は七九条で準用）で「保健主事は、校長の監督を受け、小学校における保健に関する事項の管理に当たる」ことになっている。主任制が施行されたころは教諭のなかから主任が決められる場合が多かったが、最近では養護教諭が保健主事（保健主任）を兼務している学校が多くなっている。このことについては地方自治体の学校管理規則で定めているのが一般的である。

保健主事（保健主任）は校務分掌の保健部の主任でもある。保健部に所属している教員は、「子どもの心と体の健康に関する事項を処理し健康教育を推進する」ことになる。職務としては、年度当初に実施する計測を通した子どもや教職員の健康の実態把握、学校薬剤師との連携による教室や廊下の環境調査や照度調節の実態把握、心と体に問題を持つ子どもへの対応、校医・薬剤師・PTA・地域・子どもの代表・教職員の代表で組織されている「学校保健委員会」の開催、保健室経営等の活動がある。いずれも　保健主事（保健主任）を中心とする保健部固有の業務であり、他の担当部署にはないものばかりである。

「子どもの心と体の健康」の教育を教員が実践指導することになるが、近年の医学の進歩により学校には最新の医学的知識、たとえば鳥インフルエンザをはじめウイルス感染による対応など、専門的な知識が求められる場合がある。「専門的なことは専門的な職員が分掌担当に」といっても、保健主事（保健主任）や養護教諭といえども困難な業務もある。保健主事（保健主任）は専門的な事項に精通できていなくても、そのことに関心を深めることが大切である。その根底に保健主事（保健主任）がリーダーシップを発揮して、保健部教員の学校経営感覚を育てる必要が生じるのである。

●経営感覚を身につける給食主任

給食主任については教育法規でとくに規定されていないが、実際にはほとんどの学校で給食主任が位置づけられている。

少し古いが、文部省では昭和三一年六月に各都道府県教育委員会、各都道府県知事、小学校・中学校等を附属して設置する国立大学の長あてに文部省管理局通達を出しているので、参考のために以下にあげる。学校給食の実施については「今後の学校給食の正しい運営のためには、学校給食実施基準の趣旨に基き実施されることが望ましい」としている。

そして「義務教育諸学校における学校給食運営のための組織」については、次のように述べられている。

⑴　学校給食の運営は、教育委員会の指導助言により、当該学校の校長が、計画し、管理し、職員を指揮監督して行うこと。
⑵　学校の職員はそれぞれの職務に応じ、学校給食に関する事項を分担すること。
⑶　教師は学校給食に関する研修につとめ、学校給食計画の改善向上を図ること。
⑷　校長は教師の中から学校給食主任を選任し、学校の給食関係事項を総括処理させること。
⑸　学校には、その在学児童数または生徒数に適応する員数の調理等の従事職員を置くように努めること。
⑹　調理等の従事職員は、給食主任の指導をうけてその作業に従事し、教育委員会等の派遣する栄養技術職員の指導助言をうけ、栄養技術の向上をはかること。
⑺　調理等の従事職員に対しては、定期的に検便を励行し、また随時身体検査を行うようにすること。
⑻　学校給食の運営は、児童又は生徒の保護者の協力により行われるものであるから、その連絡をはかるため、必要に応じて学校に学校給食運営のための組織をつくることも考慮すること。

（※傍線は筆者）

校務分掌で学校給食部の教員が多い学校がある。これは、給食に関する業務が多種多様にわたっているからである。給食主任が学校経営感覚を身につけることが望まれる根拠は次のとおりである。

学校給食では、献立作成をする。栄養士の業務だが、子どもの好みや希望、季節感を出すような工夫は、給食主任を中心とする給食部の業務である。献立は年間を見通して作成するが、さらに具体的に月ごとでも作成する。

献立に基づいて食材の発注をする。地域によっても異なるが、教育委員会や学校給食会に一括発注依頼をする場合もある。あるいは給食関係の商社に直接注文したり、生産者と直接交渉をする場合もある。どの場合も給食主任が企画・立案、連絡・調整の機能を発揮することが大切である。

学校に納入された給食物資の受け取り業務がある。一般的には給食調理員が対応しているが、食材に不足が生じたり、品質に問題があれば給食主任が対応することになる。

給食の食材費を徴収する業務がある。また業者への支払い業務もある。一ヵ月単位で徴収と支払いが繰り返されるが、集金できない場合が生じたり、数多くの業者に期日を遵守して支払う会計処理は大変な事務量である。また取り扱う金額も大きい。給食部の教員間の連絡・調整機能が強く発揮されることが望まれる。集金未納の家庭には担任や管理職と対応を協議する。業者への支払いでは食材内訳と金額の照合が詳細に行われる。後日、保護者に給食会計報告をする基礎資料となるからである。

これらの業務には教員が多数配置され、業務の遂行に支障がでないよう配慮されている。給食主任がとくに連絡・調整を意識して教職員の協働意欲を喚起させることが望まれる。また、給食部の教員への指導も慎重な対応や指導・助言が求められ、人間関係の健全な維持に配慮することが求められる。

⑷　経営を意識した管理職

●経営意識を意図的に工夫して

管理職の登用について、教育委員会によっては課題を抱えているところもあるようである。管理職としての特性を具備しているかを見極めるのがむずかしいことに問題があるようで、登用された管理職が学校に着任して数日のうちに、教職員から厳しい評価（批判）を受けたという報道がされたこともある。学校経営および管理能力が弱かったことによる。

管理職の特性については、『学校経営の基礎・基本』（牧昌見著、教育開発研究所刊）によれば、性格特性と能力特性があるという。性格特性として、明朗、慎重、機敏、誠実、辛抱強さ、積極的等があげられている。また、能力特性として、理解力、判断力、表現力、説得力、応用力、持久力、記憶力、注意力、指導力、批判力、決断力、実行力、思考力、観察力、分析力、総合力、推理力、洞察力、意志力、気力、忍耐力、体力等をあげている。

管理職としての特性は、性格特性にしても能力特性にしても多様なものが求められているが、これらの性格や能力を全面的に具備している者はほとんどいないであろう。管理職としては、自分自身がこれらの特性や能力のうちどんなものをどのように持っているのか、確認することである。また、自分自身を見直し、リーダーシップを発揮する意欲の喚起を図ることである。

リーダーシップとは、校長が教職員に働きかけることである。働きかけといっても、「強制的な働きかけ」から「放任状態の働きかけ」まで多種多様である。校長の指導や指示を教職員が主体的・自発的に受容し承認するようにしなければばならない。

教職員は分掌処理や学級担任の職務等、校務に従事することと、自分の趣味や家族との団らん等、個人的な時間を過ごすことの両面を持っている。管理職がリーダーシップを発揮するには、教職員の特性を配慮することが望まれる。

たとえば公的業務を優先し、私的事項を二の次にするタイプの教員がいる。仮に、このタイプの教職員を「公的教員型」とする。反対に、公的業務より家族や自分の趣味を優先するタイプの教員もいる。仮に、このタイプの教職員を「私的教員型」とする。また、公的業務も私的な行為も同等に行うタイプの教員もいる。仮に、このタイプの教職員を「平均教員型」とする。

管理職が働きかけをする場合、「公的教員型」の教職員は仕事を受容・承認しやすい。反対に「私的教員型」では当惑したり、時には拒否することもある。「平均教員型」は臨機応変に対応してくれるだろう。

管理職の経営感覚で大切なことは、「私的教員型」の教員の業務は確実性があることを承知しておくことである。このタイプの教職員は自分の生活等を優先的に考えて、それでも十分に校長の指示・命令を受容できると考えて遂行しているからである。

反対に「公的教員型」のタイプは、自分自身をコントロールして分掌を遂行しているので、時には分掌処理が遅滞したり未完成に終わったりすることを心がけておくことが大切である。

10 教職員のモラールが高揚している状態とは

多くの都市で学校対抗の競技会や記録会が開催されている。戦後、新制中学校の発足以来、伝統になっている競技会や記録会、文化祭での発表会等がある。これらの行事に参加して毎年よい成績を修める学校がある。たとえば陸上競技会では、短距離走で毎年優勝したり、優勝に準じた成績を残す学校がある。科学作品展覧会や創意工夫作品展覧会では地域の代表校となり、都道府県の展覧会に出品したり、出品した作品が成績優秀で全国大会に出品されたりする学校もある。

毎年、子どもは替わっても優秀な成績をとる。このような学校は「教職員のモラール」が高いといわれる。

教職員のモラールについては、昭和三六年に発刊された、国立教育研究所研究紀要に、その定義が掲載されている。その紀要によると、「モラールとは、ある集団（ないしは組織）の成員が、成員であることに誇りを持って結束し、集団ないし組織の共通目的の達成に向かって積極的に努力しようとする感情ないし態度である」としている。

なお、モラール（morale）とモラル（moral）は同じものではないので、注意したい。

(1) 学校教育目標にせまる側面

学校経営が学校教育目標を効果的に達成するためには、教職員のモラールの高揚が大切である。モラールの高揚を図るには教職員の協働意欲が必要である。モラールが高揚している状態では教育活動に活力が生じる。

ある小学校で、学校教育目標に迫るための協働研究を行った。その事例をもとに、モラールについて学校教育目標の効果的な達成と関心を図る工夫を考察した。

この小学校では「学び合い、深め合う子どもをめざして」という目標を立てた。校長自身が考えたものである。学校に長く勤務している教職員と、地域の様子に精通している教職員を中心に、校長から指示された「本年度の重点の目標」について協議し、その結果を校長に報告した。

校長は海外の日本人学校での教職生活経験を持っている。久しぶりに帰国し、本校の校長として着任して期間が短い。校長が体感した子どもの実態についての感想を、教職員に講話として話したことがあった。長年、本校に勤務する教職員のなかには、校長と同じ感想を持っている者も多くいた。

校長は子どもの実態や保護者の意向、地域の実情を自分で確かめると同時に、教職員からの情報収集を重ね合わせた。結果として、教職員が協議して報告された「学び合い、深め合う子どもをめざして」を本年度の「学校教育目標の重点」にした。

本年度の重点目標は一部の教職員が協議して、それを原案として作成されたが、校長が理解を示したことにより、重点目標に迫る方策が必然的に話し合われるようになった。

その結果、具体的な学習指導では「話し合いをとおして、豊かなものの見方や考え方を育てよう」とする教職員の指導姿勢が生まれた。協議のなかから副題が生まれたのである。

学習活動の基礎・基本は「話し合い」であることを教職員は確認し合った。子どもは学習教材に対して、いろいろな見方や感想を持つものである。たとえば、「昨夜降った雪が梅の小枝に積もっていた」情景を学習教材として取り上げた。教室の窓から、梅の小枝を見た子どもに感想を求めると、「あんなに細い枝にも雪は積もるんだ。雪はどこにも平等に降るんだ」「小枝をよく見ると梅の花が咲いているのもある。冷たい雪に降られても、がんばって咲く梅は強い花なのだ」「雪が積もった梅の花から、よい香りが漂っているみたい」と梅の小枝の雪に視点を当てた感想、心情的な視点に注目した感想が出る。

一方で「雪が降る寒い時期に、梅の花はなぜ咲くの、チョウチョウや蜂などの昆虫がたくさんいる春に咲けばいいのに」と疑問を投げかける者がいる。「植物は花の咲く時期を大切にしている。子孫を残すのに大切なのは花だ。花が実になる。その実が次の始祖になる。梅は進化していない植物ではないか」と、さらに疑問を深める者もいる。

そのような発表を聞いている子どものなかには、「梅の花は、どこに植えられていても、今頃、花が咲く。確かに昆虫がいない寒いときに咲くのは変だ。でも、梅はたくさんの実をつけるよ」と、矛盾を指摘する者もいる。

「話し合い」活動に入る前に、教材を見た子どもの感想を発表させるだけの学習を準備していた。ところが、感想の発表を聞いた他の子どもから、他の視点から見た感想や疑問が投げかけられた。子どもどうしの「話し合い」に発展したのである。

この学習の背景には、教職員のモラールの高揚を図る努力と工夫が見られる。教職員がすべて学習指導に積極的に取り組むとは限らない。取り組む意欲はあっても、専門外で分からないこともある。そこで、モラールの高揚では「教職員の協働意欲の喚起」が必要となる。

「梅の小枝に積もった雪」を見て、感想発表を企画する教職員。発表内容を情意面と論理面に整理する教職員。この教材から子どもに問題を発見させる教職員。すべてを兼ね備えている教職員は少ない。教職員には得意なジャンルがある。教職員が協働することにより、建設的な「話し合い」が生まれる。

この発表活動、話し合い活動を通して、子どもは「自分が感じたり、考えなかったりしたことを友だちの発表」から学ぶ。この継続指導が「子どもの豊かなものの見方・考え方」ができる能力開発につながる。

子どもの学習指導の根底には、学級担任の経営感覚と協働意欲を発揮する教職員のモラールの高揚が必要である。

⑵　学校の組織運営的側面

教職員のモラールの高揚には、教職員の人間関係が重要な要因となる。学校経営の組織面では、教職員の人間関係は担任学年が同学年になれば強くなる。校務分掌で、たとえば学籍担当になった者どうしは同じく人間関係が強くなる。学校経営の一翼を担っているという意識が人間関係を意識させる。このように教職員集団は公式な組織としての人間関係を意識する。

また、教職員には個人的な人間関係も生まれる。同じ学校に勤務したことにより、趣味が同じ教職員を発見したり、専門分野が同じで共同研究を進めたり等、個人的・非公式の人間関係がある。

前述の事例校では、本年度の重点目標の実現に向けて、「話し合いの推進」担当という校務分掌が新設された。本年度だけの特別な教育活動組織を編成したのである。

校長のリーダーシップのもとに、全教職員が共通理解を深める協議会を定例的に開催することにもなった。この協議会で「学び合い、深め合う子どもをめざして」という本年度の「学校教育目標の重点」を効果的に実現するために、「学校教育目標に対する保護者や地域の反響や効果を調査研究する担当」「子どもに投げかける教材発掘の情報提供や交換をするコーディネーター」「問題解決学習のなかで目標への迫り方を育てる指導技術の開発を担当する者、すなわち社会や理科等の教科主任を束ねる者」等が教職員の互選で選出されている。互選といっても、多くの教職員が互いに指名し合うのはむずかしいので、あらかじめ学校運営委員会で候補者を予定し提案するようにしていた。

本年度の重点目標を効果的に実現する道程のリーダーが決まったところで、全教職員は前述の「学校教育目標に対する保護者や地域の反響や効果を調査研究する担当」すなわち「校外への渉外対応」、「子どもに投げかける教材発掘の情報や交換をするコーディネーター」すなわち「教材情報（資料開発）」、「問題解決学習のなかで目標への迫り方を育てる指導技術の開発を担当する者、すなわち社会や理科等の教科主任を束ねる者」すなわち「教科指導」のいずれかに所属した。各グループは定例会を設けて、共通理解を図ると同時に協働意欲の喚起を図った。リーダーシップの発揮と協力・協調性の理解が大切であり、モラールが高揚する要因を組織からつくった。

事例校は小学校である。校長は各学年主任を中心とする学年単位の協議会を意図的に開催するよう指示している。学校では毎週「学年会」が開催されているが、この学年会で各学級の状況を話し合い、協議を通して各学級の「豊かなものの見方・考え方」が育つよう配慮している。

留意事項として、モラールは組織集団によって違うことを確認したい。重点目標の実現に向けて校内に教育活動組織を設けたが、どの組織も同等にレベル向上の効果が現れるとは限らないということである。教育活動の組織が機能するには、「教職員の共通理解」「教職員の協働意欲」が大切だが、組織による効果が一様に現れることはないことを前提にする必要がある。

⑶ 学校に勤務する全教職員の資質の側面

学校の教職員に求められるモラールには「公的なモラール」と「私的・非公式なモラール」がある。

公的なモラールでは、原則的に教員なら誰が担当しても一定の成果が上がることが期待されている。たとえば学校図書館担当を考えた場合、司書教諭の免許を持っている専門家も、教諭の免許があり学級担任をしているが司書教諭の免許を持っていない者も、この校務分掌を担当したならば同じような効果を期待されていることが前提となる。担当する教職員なら誰でも学校図書館法や学校図書館図書整備について精通し、子どもや教職員が活用しやすい図書館の環境整備をしたり、図書館に関する質問に答えられるようにならねばならない。

公的なモラールでは、「担当した分掌を効果的に処理」することができるよう、モラールの高揚が期待される。

また、担当する分掌によっては、公的なモラールが前提であっても教職員の資質や特技、趣味等を勘案して担当者を選定するものもある。たとえば、前述の「本年度の重点目標を効果的に実現するための三人のリーダー」が、そうである。

本年度の重点目標を地域に説明し理解を求めたり、年度当初の学校経営説明会で保護者に説明し同意を得るには、誰でもよいとはいえない。本校の勤務年数を考慮して、深く地域を理解できている者であってほしい。また地域の方からの信頼がある者であってほしい。そして、このような条件とともに、校内の他の教職員との協働活動においてリーダーシップを発揮できる者であってほしい。しかし、このような要件を備えた教職員はなかなかいない。その条件に近い者を探すのもむずかしい。したがって、学校に勤務している教職員なら誰でもよいとはならない。

子どもに視点を向ければ、クラブ活動や中学校の部活動の顧問は、誰がどのクラブや部活動を担当しても公的なモラールの高揚を図ってほしいが、なかなか期待どおりにいかないものである。顧問になる教職員の希望も考慮に入れることが必要になる。考慮することによりモラールの高揚が期待できる。

私的・非公式なモラールも学校教育では必要であり、重要である。

最近、都市近郊の住宅地で養蜂をする人々が増えている。専業ではないが住宅には年間を通して何らかの花が咲いているので、養蜂がブームになっている地域がある。

女王蜂が分封すると、女王蜂に従って一族の蜂が無数に今までの巣を離れる。女王蜂が学校の樹木にとまれば、その樹木が新しい女王蜂の住処となる。校庭に蜂の大群が集まってきて、子どもへの被害が心配される事態となる。学校は教育委員会に相談するが、教育委員会で効果的な対処法を持っていないのが普通である。さらに教育委員会の紹介で、地方自治体の相談窓口に出かけるが、解決策が見つからない場合がある。

このような場合、地域に精通した教職員、養蜂家と連絡がとれる教職員、個人的に養蜂や昆虫に精通している教職員に期待がかけられる。養蜂に興味があり、家庭で個人的に趣味として養蜂をしている教職員がいれば、処理を依頼することになる。自校にいなくとも、市内の学校にはいるかもしれない。無数の群がるミツバチに接近し、たいした防備もしないで、女王蜂を用意した段ボールの箱にすばやく移動する。飛び回っていた無数の蜂は、女王蜂に従ってほとんどが狭い段ボール箱に入っていく。段ボールは蜂の温度で温かくなる。蜂を段ボールに収めた教職員は驚異の目で見られ、その技術がたたえられる。

問題が解決するとともに、教職員個人の目立たない趣味や技術が役立つことで、私的・非公式なモラールの高まりを見せる。

ここで留意することは、公的なモラールにしても、私的・非公式なモラールにしても、教職員なら誰でも同じようにモラールが高揚するとは限らないことである。「蜂捕り名人」と再認識されて、以後の教育活動にモラールの高揚を見せる者もいようが、同じように評価しても迷惑に感じる者もいよう。モラールの高揚には協働意欲の喚起が必要だが、協働意欲の高まりは各人各様であることを留意しておきたい。

⑷ 学校の雰囲気、風土、伝統等の側面

学校には創立以来の沿革がある。毎年の出来事や行事等、おもな教育活動が沿革として記録に残されていく。学校の教育活動が毎年、連続して行われる過程で伝統が生まれる。地域と連携して学校を開放したり、学校行事に地域の方や保護者を招待したりして学校の教育活動に協力や理解をあおぐ。このような過程で学校と地域の結びつきによる風土が醸成されていく。

学校の雰囲気や風土に浸ることにより教職員はモラールを高揚したり、反対に意欲喪失に陥ったりする。地域理解の大切なところである。

次の事例は、地域から学校不信の声が出たときに学校と地域の連携を強化したというものである。結果とし

て教職員の学校経営意識が喚起され、地域からは学校経営が再確認された。学校の伝統的な雰囲気と風土が教職員のモラールを高揚させている。

郊外の新興住宅地に立地するA小学校は、戦前に地域の強い願いで創立された。地域では、自分たちの子どもの教育を託す大切な学校だとの認識を持っている。地域の人が学校の教育活動に協力するのは当然だとする風土ができあがっている。

正月を迎える直前には、学校の樹木の剪定作業が行われる。学区で営業している植木職人の指導を受けながら地域の方が一〇〇人以上集まって、終日、校庭の整備を行うのが伝統行事になっている。学校のために地域の人が休日に校庭に集まって作業をする。教職員も地域の人と一緒に終日作業に従事する。

運動会が近づくと地域の方が校庭整備を行う。運動会では伝統的に「裸足で行うプログラム」がある。子どもが裸足になっても怪我をしないよう数日間にわたって、大勢の地域の方が校庭整地の作業をする。

地域では「学校の先生は何年かすると替わるが、われわれの学校は永遠にここにあるのだ」と言って協力を惜しまない風土が醸成されてきた。ところが水田が埋め立てられ新興住宅が建ちはじめると、地域の様子に変化が生じてきた。

学区には用水堀が何本も作られており、水が勢いよく流れている。江戸時代に郷土の偉人が開鑿した用水堀である。地域の人々は用水堀が危険であることを知っている。地域と学校では協力して危険防止に留意してきた。地域で生まれ育った子どもは用水堀の危険なことを知っている。

しかし、新興住宅に移り住んできた人のなかには、「用水堀の怖さ」を知らない人もいる。その子どもも知らずに、用水堀の近くで遊ぶこともある。地域の人は、子どもが用水堀に近づけば、未然防止の注意をしてきた。

残念な出来事が起こった。最近、学区に引っ越してきた子どもが用水堀に入って水遊びをしていたところ、転んでしまった。子どもは、おぼれそうになり大声を出して助けを呼んだ。子どもの声を聞きつけた地域の老人が、用水堀に飛び込んで子どもを助けあげた。子どもは助かったが、老人は足を怪我してしまった。老人は怪我の手当てが自分にできないので、用水堀で遊んでいた子どもに、大人の助けを頼んだ。子どもは声かけをしながら用水堀を離れた。

間もなく近くの人がきた。老人が助けあげた子どもを注意しようとしたが、子どもはいなかった。子どもは逃げたのである。

老人は病院に行った。足の怪我は大変ひどく、入院することになった。数日後に退院して、老人は学校を訪れ、用水堀に落ちた子どもの様子を聞いた。用水堀で怪我をすると大変な後遺症に悩むことを知っている老人は、用水堀で怪我をした子どもが心配になったのである。ところが学校の教職員は誰も知らなかった。

老人は自分が大怪我をしたことより、子どもの安全を確かめにきたのである。学校は当然知っていると思っていた。老人は学校が知らないので、子どもには異常がないと考えて帰っていった。

老人の話を聞いた教頭は、校長にその話を伝えた。また、教頭は老人の話から、中学年の担任を招集し、来校した老人の話を伝え、学級の子どもで怪我をしている者の確認を指示した。校長は老人宅に急ぎ訪問して、子どもがたいへんお世話になり、そのために老人が怪我をされたことに陳謝した。

地域では老人の話を聞いて、「用水堀に入ってはいけないことを知っているのに入って遊んでいた」「子どもを助けるために用水堀に飛び込んだ老人に感謝や御礼の言葉がない」「子どもを助けようとして大怪我をして入院した」「助けた子どもが誰だか分からない」等の不満や疑問が起こった。学校不信である。

学校と地域のすばらしい連携が壊れる危機であった。

学校では「老人が心配して来校されたのに、何も知らなかった。自分たちの学級経営は大丈夫か」「子どもを心配してくれる老人を安心させたい」「用水堀で遊んだ子ども捜しはもとより、用水堀の危険性を全校の子どもに徹底させたい」との意見がでた。教職員は事故の重大さを認識した。

校長は広い学区のすべての町会長宅を訪問し事情を話した。怪我をした老人宅へ見舞いに行った。そのつど、怪我をしたであろう子ども捜しの状況を伝えた。教職員は学区域の巡視パトロールのグループを自主的に組織して見回り活動を開始した。

各町会長は怪我をした老人宅を訪問し、事情を確認し学校との協議の場をもつことにした。

結果として、用水堀の危険性がはっきりした。学校では安全指導の時間を設けた。地域や町会は用水堀に子どもが近づかないよう塀や壁をつくることにした。行政にお願いして危険箇所を暗渠にするようにした。

本校に着任したばかりの教職員のなかには、「子どもは帰宅して遊びに出たのなら学校はこれ以上活動しなくても……」「ランドセルもあったのなら下校途中かもしれない。その場合は注意をすれば……」との意見があったが、学校風土、地域との密接な連携が分かるとこれらは自然に消滅した。

この事故をきっかけとして、全教職員が安全指導へのモラールを高揚させた。

11　学校に求められている教育課題とは

学校教育への過度の期待を改め、学校教育をスリム化する方策が長らく叫ばれてきた。臨教審答申（昭和六一年）では、あまりにも肥大化した学校教育依存体質からの脱却を考える時代であると述べている。しかしながら、いまだに学校教育の役割が肥大化傾向にあると指摘されている。学校に、教育課題と称して各行政機関、研究機関や団体からさまざまな教育活動や指導をするよう各種の依頼が持ち込まれている。さらに、家庭・地域社会での学校教育への依存志向も年々強まっている。

学校教育の本来の役割である子どもの学習能力を伸長するには、何でも学校に押しつけている現状から、学校・家庭・地域が一体となった教育への転換が求められている。

(1)　指導時間が確保されていない教育課題

●行政や各機関から指導を要請される教育課題

各学校では教育課程を編成し、それに基づいた学習指導計画が作成されている。多くの学校（小学校）では、年間の学習指導可能時間を検討し、その学習時間を各教科、道徳、外国語活動、総合的な学習の時間、特別活動に振りあてている。要するに、一般的な学校では年間を通して学習可能時間に何の学習をするのかについて、年度当初に学習指導計画を立て、定めているのである。

ところが、地方自治体や国の行政機関がそれぞれの事業計画に沿って事業を展開する場合、年度開始後一〜

二ヵ月が経過した五～六月頃に、あるテーマについて学習指導事項として扱うよう依頼されることがある。

たとえば、振り込め詐欺事件が多発している状況のなか、今後の被害拡大を図るためには、金融機関からの注意を促すだけでは未然防止が困難なようである。このような詐欺事件に巻き込まれるのを未然に防ぐためには、義務教育諸学校に在学しているころから教育することが必要であると関係機関は考え、学校にその教育を求めてくるわけである。

また、平成七年五月二五日には、喫煙防止教育等について、文部省から関係機関あてに通知（「喫煙防止教育等の推進について」）が出されている（一部抜粋）。

「…公衆衛生審議会から厚生大臣あてに今後のたばこ対策について意見具申が行われ、…この意見具申において示された考え方を尊重したたばこ対策の実施について、厚生省から文部省に対し要請がありました。

…未成年者の喫煙を防止するための教育を学校、地域、家庭において積極的に推進すべきこと、学校等の公共の場においては、利用者に対する教育上の格段の配慮が必要とされることから、禁煙原則に立脚した対策を確立すべきことなどが指摘されております。

文部省においては、報告書の趣旨も踏まえ、引き続き、学校における喫煙防止に関する指導の充実等の一層の推進に努めることとしております。

つきましては、貴職におかれても、報告書の趣旨を踏まえ、喫煙防止教育等の一層の推進についてご配慮いただくとともに、貴管下の市町村教育委員会、学校等の関係機関に対し、この趣旨を周知徹底下さるようお願いします…」。

二つの事例を取り上げたが、いずれも学校において何らかの指導をすることが求められているので、対応をする必要がある。ここで留意すべきは、学校が教育課程を編成した後、年度の途中にこのような要請や依頼がきたとき、どのような指導体制を組むことが必要か、学校経営の考え方にたった対応が求められる。

⑵　本来、学校の教育活動ではない教育課題

●事例――インフルエンザ予防接種

子どもの成長を把握するために身長、体重、胸囲等の計測が行われる。また、校医による診察や学校歯科医による歯科検診も実施される。これは、教育課程に位置づけられた教育活動の一部である。

以前には、伝染病予防接種等も教育課程の時間内で実施されていたことがある。冬期にはインフルエンザ予防のワクチン接種も行われていた。本来は保護者がわが子の身体の安全を図るため、行政からの連絡を受けて子どもの病気予防対策をするのが原則である。しかし、保護者の都合も考慮し、学校で予防接種をすれば、ほとんどの子どもが接種を受けられる利点を生かしていたのである。

これらについても、学校の業務の削減の一環として、見直しが図られている。

⑶　社会の動向、教育動向に敏感な教育課題

●事例――情報化への対応

「昭和」から「平成」に変わるころ、学校には情報機器マニアの教員がいた。コンピュータに関心をもち、先駆的に教育活動にパソコンを導入して、精力的に取り組んでいた。一方で、従来の黒板とチョークを中心に子どもとの人間的ふれあいを大切に守っている教員もいた。多くの教員は、どちらを選ぶか判断に迷い、時には黒板とチョークで、時には視聴覚器具を使用して学習指導をしていた。

当時の教員が予想していた以上に早く、教育の情報化の時代を迎えている。

平成二年七月、文部省は「情報教育に関する手引」を作成した。この手引きをもとに情報教育が展開されてきたが、平成一四年六月には、「情報教育の実践と学校の情報化～新『情報教育に関する手引』～」が発行さ

れている。

さらに、平成二一年三月に「教育の情報化に関する手引」が、平成二三年四月には「教育の情報化ビジョン」がとりまとめられている。「教育の情報化ビジョン」においては、次のように述べられている。

「昨今、我が国の国際競争力の低下が指摘されている。資源の乏しい我が国においては人材の育成が極めて重要な意義を有しているが、未来を担う子どもたちの学力については、トップレベルの国々に比べると成績下位層が多いことや、読解力に関して必要な情報を見つけ出し取り出すことは得意だが、それらの情報の関係性を理解して解釈したり、自らの知識や経験と結びつけたりすることが苦手であること等の諸課題も明らかになっている。こうした状況において、我が国の子どもたちが二一世紀の世界において生きていくための基礎となる力を形成することが求められている。教育の情報化は、そうした力を持った子どもたちを育てるための二一世紀にふさわしい学びと学校の創造に取り組んでいくことを可能とするものである。」

さらに今日では、コンピュータの利活用を中心に情報処理能力を身につけるのはもちろん、子どもがコンピュータや携帯電話の利用により、被害者にもなり加害者にもなる場合があるので、教職員の情報教育についてのさらなる研修が求められている。

●環境教育の推進

環境教育については社会科や理科、家庭科、技術・家庭科等の教科学習で扱うように規程されているが、さらに総合的な学習の時間でも取り扱う学校が多くなっている。今日的な教育課題として、教育課程編成において留意する必要がある。

平成一五年、「環境の保全のための意欲の増進及び環境教育の推進に関する法律」が制定された。（通称「環境教育推進法」）。この法律の制定が学校における環境教育推進のきっかけとなった。この法律の一条では、「この法律は、健全で恵み豊かな環境を維持しつつ、環境への負荷の少ない健全な経済の発展を図りながら持続的に発展することができる社会を構築する上で事業者、国民及びこれらの者の組織する民間の団体が行う環境保全活動並びにその促進のための環境保全の意欲の増進及び環境教育が重要であることにかんがみ、環境保全活動、環境保全の意欲の増進及び環境教育について、基本理念を定め、並びに国民、民間団体等、国及び地方公共団体の責務を明らかにするとともに、基本方針の策定その他の環境保全の意欲の増進及び環境教育の推進に必要な事項を定め、もって現在及び将来の国民の健康で文化的な生活の確保に寄与することを目的とする」

と述べている。

●エネルギー教育

エネルギー教育は、平成一〇年前後に「地球温暖化」防止を図る一つの方法として登場した。「地球温暖化」は地球環境に大きな影響を与えること、とくに人間を含む生物（動物も植物も）の生存に大きな影響を与え、種の絶滅も起こりうる。世界的な課題として、その防止が急がれた。「地球温暖化」の原因は、空気中の二酸化炭素濃度の増加である。二酸化炭素は先進国を中心に工場や発電所、車から排出されていること、二酸化炭素を除去する技術が開発されていないことなども話題となった。

これまでも、環境問題として人権教育に関することなどは教育課題として取り上げられたことがあったが、各学校で「地球温暖化」対策として全国的に「省エネルギー対策への教育」に取り組まれるようになった。二酸化炭素を排出しないエネルギーの開発には時間がかかる。その間の「地球温暖化」の進行への対策として、「省エネ活動」の推進が図られた。

エネルギー教育の推進について、文部科学省は全国の自治体の取り組みを紹介している。大分県日田市の事例を紹介する。

「大分県日田市

校舎の新増改築事業にあわせて、太陽光発電システムを導入。発電状況を示すディスプレイを昇降口などに設置し、児童生徒の節電に対する意識の向上が図られるとともに、保護者や地域住民にも太陽光発電の啓発用パンフレットを配布したり、子どもたちの学校版環境ＩＳＯの取組を掲示して、いつでも見られるようにしている。

ＰＴＡの広報誌などに、太陽光発電による効果や家庭で行う省資源活動などの内容が積極的に掲載されるようになり、環境負荷の低減の取組は、学校から家庭へと大きな広がりを見せている」（平成二一年四月）。

⑷　教育課題に対応する必要性

●いじめへの対応

「いじめ」は学級経営上の大きな課題である。「いじめ」の克服に真剣に取り組む担任がほとんどであるが、対応が困難な事例もある。次の事例を通して、深刻な「いじめ」の解決を図る方策を考えたい。

＊中学生Ｍさんの場合

Ｍさんは学校に行きたくない。嫌々登校している。Ｍさんは両親に「学校へ行きたくない」と訴えているが、両親は「一生のうち、中学校生活は今だけしかないから通学しなさい」と言っている。

Ｍさんが登校したがらないのは、学校で「いじめ」が当然のように存在しているためである。上履きが隠されたり、トイレに投げ込まれたりするのは、よくあることである。

普段仲良くしている友だちでも、学校を休むと、クラスで威張っている子が「この子、もう学校にこないでいいと思う人？」と、クラスの仲間に挙手をさせる。

暴力事件が発生すると、担任は、殴られた生徒に対して、

「何で殴り返さないいんだよ」

「お前が殴り返せばケンカになるのに、やり返さないから『いじめ』になってめんどうくさいんだよ」
「問題を起こされるくらいなら不登校の方がマシだ」
と言っているのを聞いて、Mさんは絶望した。

Mさんは、「何でこんな人が教師をしているのだろう」と失望して、「無気力で無責任な教師がいる学校には通いたくない」と両親に訴えている。

両親はMさんの話を真剣に聞いたが、わが子が直接「いじめ」を受けているのではないので、すぐに支援策を示せなかった。両親は、「Mさんは学校でたいへんつらい思いをしているのだね。困った問題を解決するのはむずかしいね。Mさんの話はよくわかる」と、その場で話すにとどまった。

その後家庭では、学校のことを話題にしなくなった。両親は、Mさんの趣味や特技を伸ばそうと考えた。好きなコンピュータの操作に、時間が経つのを忘れるほど熱中しているのを静観していた。

わが子が「いじめ」で苦しんでいたなら、即座に担任のところに行っただろうと両親は話す。「いじめ」にあっている子どもの親は、わが子がクラスで苦しんでいることを知らないだろうとMさんは言う。

Mさんは、クラスに仲良しの友だちはいるが、担任に分からないように「いじめ」を繰り返す行為に苦痛を感じている。「いじめ」をなくしたいと願っている。仲良しの友だちに「いじめ」の話をする勇気はない。もちろん、友だちと協力して行動を起こせば、どのような苦しみが待っているか十分に分かっている。頼りにすべき担任には、絶望している。

いじめとは、「肉体的あるいは精神的に立場の弱い者を苦しめること」であり、犯罪行為でもある。学校で「物を隠す」「学級日記に悪口を書く」などの軽い行いで、担任教師が気づかなかくても、心に深い傷をつける場合がある。

右の事例では、担任はわが学級に深刻な「いじめ」が発生しているのに対応しようとしない。子どもがせいいっぱいの救援信号を出しても、それに気づいていない。

文部科学省のいじめの定義について、以前は「①自分より弱い者に対して一方的に、②身体的・心理的な攻撃を継続的に加え、③相手が深刻な苦痛を感じているもの」とされていたが、平成一八年度間の調査より、「当該児童生徒が、一定の人間関係のある者から、心理的、物理的な攻撃を受けたことにより、精神的な苦痛を感じているもの」とされた。具体的ないじめの種類に「パソコン・携帯電話での中傷」「悪口」などが追加された。また、この年度から、いじめの件数は「発生件数」から「認知件数」に変更された。

ところで、事例のMさんの学級の後日談であるが、Mさんの両親が学校を訪問し、教頭にMさんの学級の実状を話した。教頭が中心になって全校をあげて「いじめ」の発見に努め、研修会を何度も開き、教員の生徒指導における共通理解の徹底を図ったという。これまでの学校の課題は生徒指導担当に任せていた学校風土から、学級担任が学校のすべての生徒の担任として生徒指導をすることにしたという。

二年が経過、Mさんは元気に高等学校に通い、コンピュータのソフト開発に取り組んでいる。

●不登校対策

不登校とは、学校に登校していない状態のことである。不登校に陥った子どもの心情はたいへんにつらいものがある。また、その保護者にとっても、わが子が不登校に陥った理由や原因が分からなかったり、あるいは原因は分かっていても担任や学級の友だちが理解し対応してくれない場合もあろう。保護者の子どもを思う「せつなさ」ははかりしれない。次の事例を通して、不登校に陥った子どもの心情を考えたい。

＊Lさんの場合

Lさんは四年生のときに不登校になった。風邪がもとで肺炎になり、一週間ほど学校を休んだのがきっかけであった。学校に登校すると友だちの会話についていけなくなり、疎外感を感じたという。

担任は親切だった。毎日電話をかけたり、家まで会いにきてくれたりした。クラスの友だちは帰りにLさんの家に寄って、その日に配られたプリントや手紙を届けてくれた。不登校に陥ったばかりのＬさんは、家のチャイムが鳴ると先生が連れ戻しにきたのではないか、電話が鳴ると先生ではないかと、毎日びくびくしていたという。

母親に励まされ、勇気を出して放課後に学校へ行ったところ、担任だけでなく、他の学級の先生も一緒に校庭で遊んでくれたという。担任、養護教諭と交換日記を書く約束もした。先生たちは毎日、Ｌさんに交換日記を書いてくれた。Ｌさんは交換日記を通して、学校の多くの先生を知ることができた。優しくかかわろうとする先生に励まされ、学校復帰を果たすことができた。

Ｌさんは自分の疎外感を自分の努力だけでは払拭できなかった。努力しようとも思わなかったという。担任が中心になって養護教諭や同学年の教師が協力し、ひ弱なＬさんの心情を鍛えてくれたのである。

Ｌさんは中学校に入学した。小学校とは、学校の雰囲気が反対のように感じられた。小学校では、「放っておいて」と思うくらい、自分にかかわろうとする先生や友だちが多くいたが、中学校では、ほとんどかかわりがなく、干渉されないし、困ったことがあっても全く助けてくれない。Ｌさんはクラスにとって、先生にとって、学校にとって、いてもいなくても同じ存在なのだと思うようになった。小学校の頃のようにひ弱な心、恥ずかしがり屋なのに強い依存心が再浮上して、再び学校に行くことができなくなった。

Ｌさんが不登校に陥ったことに気づいた中学校では、学年協議会を開いてＬさんの学校復帰を支援する活動を開始した。Ｌさんの支援について、教育相談の立場から、学習指導の立場から、保護者との連携をする立場から話し合いを重ねた。

教育相談担当から、「小学校時代に『風邪で休んで、そのまま学校に行けなくなった』と、お母さんから話があったが、このようなわずかなことにも対処できない『心のもろさ』があるようだ」と報告があった。

また、「小学校で不登校になったときは、家庭の温かさと小学校のＬさんへの優しい対応が学校復帰に結びついたようだ。中学校でも対応に配慮し、連携をとることが必要ではないか」との意見もでた。

中学校では小学校と同じような対応をするのは困難であろうが、できる限り連携を図っていくことを確認した。何よりも、Ｌさんの「心のもろさ」に配慮して、各教科担当の教員が横の連携を密にするようにした。学習指導では一緒に勉強する仲間づくりを大切にした。担任は学校行事で計画されている「青少年の家での宿泊学習」に誘ったり、休日には「美術館めぐりや図書館めぐり」といった施設見学を企画した。Ｌさんの依存心を薄め、自立の心を育てる指導にあたった。やがて、わずかだが放課後の登校もできるようになり、来春の高等学校入学に向けて努力するようになった。間もなくの学校復帰が期待できる。

この事例では「心を鍛える」ことに重点をおいたようだが、不登校の原因や状態は千差万別である。不登校に陥っている子どもには、「注意欠陥・多動性障害（ＡＤ／ＨＤ）」や「アスペルガー症候群」などの発達障害、「軽度の精神遅滞（知的障害）」等がその原因となっている場合がある。このような場合には、医療機関や専門機関と相談することが望ましい。

子どもどうしの人間関係による「いじめ」、担任や教科指導担当との人間関係、「学業不振」、「家庭内の人間関係」「家庭の貧困」「児童虐待」等によって不登校が生じる場合もある。とくに、子どもの虐待等が発生している場合は、学校には「早期発見」「早期対応」の義務が課せられている。それを受けて、行政（児童福祉施設等）が子どもを家庭から引き離す場合もある。

不登校への対応では、学校復帰を図ることが重要だが、必ずしも再登校を目標としない選択も考えられる。不登校の子どもの受け入れ先として、教育委員会の運営する教育支援センター（適応指導教室）がある。またそのほかにも、夜間中学、ＮＰＯや民間フリースクール等がある。

不登校児童・生徒の進学や処遇にも変化が見られる。小・中学校で不登校となった児童・生徒を、出席日数と関係なく、学校側が進級および卒業させることが一般化してきた。不登校生徒が高等学校に進学する場合、中学校での出席日数の不足を理由に不合格とする高校は、公立・私立ともに少なくなってきている。

教育支援センター（適応指導教室）やＮＰＯ、フリースクールなど学校外の施設への通所・入所や、一定の要件を満たせば、自宅においてＩＴ等を活用した学習活動を「出席」扱いとすることが、文科省の通知で認められている。このような措置により、不登校児の入学できる高校の選択肢は多くなっている。単位制高等学校、通信制高等学校、その他支援教育を行う普通学校などでは調査書（内申書）を必要としないか、調査書を重視しないようになった。

さらに、外国人の子弟で、日本語能力の不足が不登校の原因となっている場合もある。行政では、このような子どものための予算計上を図り、事業の推進を行っている。

●いじめ・不登校への未然防止対策――ＮＰＯの取り組み事例から

首都圏にある政令指定都市のＡ教育委員会では、全国的に増加傾向にある「不登校」への未然対策事業を立ち上げた。きっかけは、退職した教職員が設立したＮＰＯ法人の提案であった。

＊教育委員会の立場

教育委員会では「いじめ」「校内の問題行動」「学級崩壊」等への対応として指導主事を増員したり、教職員を対象にした研修会を開催していた。「学級崩壊」が発生すると、学級崩壊を引き起こした担任の処遇や、学校経営の体制整備などの対応を必然的に迫られる。崩壊した学級の後任の担任の人事は困難をともなう。校長からの新規担任の派遣要望や保護者からの請願等もある。

また、不登校に陥った児童・生徒への対応をする担任の指導時間を確保するには、臨時に教員を採用する必要も生じた。担任には学校での指導があり、不登校の子どもの家庭を訪問し、登校を促したり、学校を欠席した子どもの学力を補填したりすることができないのである。結果として議会に補正予算の請求をすることになる。大きな予算が臨時に必要になるからである。

＊学校の立場

担任は学級経営を通して精力的に子どもの学習指導をしているが、不幸にして子どもが「不登校」に陥ってしまっても、対応や指導ができない状況がある。不登校に陥る原因は一人ひとり異なっており、個別指導が必要であるが、学校の教職員だけで解決するのは困難である。

学級崩壊を起こした学級はもちろん、学校における不登校児童・生徒の指導、校内の乱れた雰囲気の一新等、校長を先頭に学校改善の対応をするが、保護者の理解を得るのはたいへん困難であり、ときには学校批判に発展する場合もある。とくに、崩壊学級の後任担任の人選は、困難を極める。保護者からの希望や願いに添うような担任は、校内で決められない状況である。

＊ＮＰＯの立場

退職した教職員が集まって、ＮＰＯを立ち上げた。不登校に陥った子どもを学校復帰させるために、現役時代のノウハウを生かして活動している。しばらくすると、ボランティアの宿命で次第に活動する元教員が減少しはじめた。その対策として、ボランティアでも最低限の必要経費を得ることが望まれた。

ＮＰＯの職員は、学校の実情がよく分かっていた。同時に教育委員会の苦労も分かっていた。ＮＰＯの活動を通して、教員志望の大学生が子どもへの指導を希望していることも知っていた。

そこで、大学生に学校へ出かけるよう話した。担任の指示・指導を受けて活動した経験は、その後の教員採用試験を受ける場合に有効であること、また、幸いにも正規採用されたならば、教員としての心得ができているメリットを伝えた。

半日単位で、少なくてもよいから旅費・日当を出せるよう教育委員会に提案することにした。

教育委員会には「学校のなかで学級崩壊の未然防止、特別支援が必要な子どもへのサポート活動、不安な学級経営の解消等に大学生の派遣」を提案した。提案のなかで、「学級崩壊が発生したり、不登校の児童・生徒が増加したりした場合、その解消には教職員の臨時採用を含めて、膨大な費用が必要」だが、大学生をサポーターとして派遣することにより、臨時的予算が大きく削減されること、優秀なサポーターを本市で採用できることを説明した。

教育委員会としては、子どもの幸せがまず確保でき、学校経営上の問題が減少し、教育予算の臨時的支出が減少する利点を考慮し、提案を受け入れた。

学校では教職員の増加は喫緊の希望で、サポーターの派遣に賛成した。

ＮＰＯでは、各大学と連絡をとり、市内小・中学校の要望に応えられる学生を確保して、各学校へ派遣した。学生への旅費・日当は銀行振り込みである。これらの業務の事務局経費を教育委員会から受け取る。この手数料がＮＰＯの運営資金となった。

学校経営の感覚を身につけた教職員は、ＮＰＯを創立しても経営感覚を発揮した。

12　学校評価とは

(1)　学校評価が叫ばれた背景と必要性

学校評価は、学校教育目標に迫るために各学校が編成した教育課程や作成された経営計画に基づき実践される教育活動や学校運営の状況を評価するものである。評価の対象としては、教育活動そのもののほか、教育活動を支えるもの、教育活動が実施される教育施設や設備の状況も含まれている。

学校評価の結果から、学校の優れている部分や学校が抱えている課題を明らかにすることが大切である。学校の優れている部分については、さらにその活動を推進する。課題として浮上したものについては改善を図る手立てを考慮し、実践に移し、学校改善を図ることである。

いずれにしても学校評価は、各学校の児童・生徒のよりよい育成に貢献するために実施するものである。

学校教育法が平成一九年六月に改正された。その四二条には「小学校は、文部科学大臣の定めるところにより当該小学校の教育活動その他の学校運営の状況について評価を行い、その結果に基づき学校運営の改善を図るため必要な措置を講ずることにより、その教育水準の向上に努めなければならない」（幼稚園、中学校、高等学校、特別支援学校等に準用）ことが規定されている。また、四三条では学校の情報提供に関することが新たに規定された。

学校評価には、①「各学校の教職員が行う評価」〈自己評価〉、②「保護者、地域住民等の学校関係者などにより構成された評価委員会等が、自己評価の結果について評価することを基本として行う評価」〈学校関係者評価〉、③「学校とその設置者が実施者となり、学校運営に関する外部の専門家を中心とした評価者により、自己評価や学校関係者評価の実施状況も踏まえつつ、教育活動その他の学校運営の状況について専門的視点から行う評価」〈第三者評価〉の三つがある（「学校評価ガイドライン（平成二二年改訂）」）。

従来から、各学校では学校評価を実施してきたが、学校教育法等の整備が十分とはいえず、学校の自主的な活動にとどまっていた経緯がある。評価の主な対象は校内の教育活動についてであり、教職員が内部評価して学校改善に生かせるものを活用していた。

今日の学校評価は、「学校評価ガイドライン」に基づき、自己評価で得られた結果について、優れているものは継続し、改善を必要とするものは改善の方策を協議する。校内の教職員の協議や努力、工夫により改善が可能なものについては、校内努力で改善を図る。評価の結果、改善を図る必要が出たが、校内の教職員の工夫や努力で解決できない課題については、たとえば学校運営協議会でそれらの課題についての評価を行うことが大切になる。もちろん、自己評価の全貌を学校運営協議会に公開し、そこで取り上げる評価項目を明らかにすることが大切である。学校が保護者や地域住民の信頼に応え、家庭や地域と一体となって教育活動を展開していくことが求められているからである。

学校教育目標への迫り方、学校での教育活動の現状等、教育活動全般の情報を地域に発信することが求められている。また、保護者や地域の願いに応え、当該年度の教育活動についての説明（アカウンタビリティ＝説明責任）を年度の早い段階で行い、年度末には本年度の成果について報告するようになった。

一般的には、ここまでの学校評価を実施し、学校改善を図っているのが普通である。さらに、学校とは利害関係のない市民に評価をしてもらい、評価結果に基づいた学校改善の視点を明確に示してもらう評価を試行している学校もある。

⑵ 教職員の自己評価──学校経営診断カードを例に

教職員による校内の学校評価（自己評価）については、従来から多くの学校で実施されている。また、教育委員会等では学校評価のあり方についてプロジェクトチームを設置して、市（町・村）内の学校評価を実施する評価方法支援の開発に取り組んできた。

学校評価に取り組む意義は以前から重要であることは分かっていたが、その進捗が緩やかであった理由はいくつか考えられる。

その一つは、教職員自身が自分の勤務評価をされていると思いがちになることである。学校評価の目的が教職員に共通理解されていない場合である。

その二つには、学校評価の範囲が不明確であったことである。教科、道徳、特別活動、総合的な学習の時間等の教育指導に重点を置いたものが多く、今日の学校教育活動を支えるものについては配慮が不足していたことである。学校の教育活動が成立するためには、「人＝Man」「もの＝Material」「金＝Money」「経営・管理（円滑な活動機能）＝Management」が必要だが、この四つの条件が明確になっていなかった。

その三つには、学校経営と学校管理の違いが不明確であったことである。学校の管理は校長や教頭(副校長)等がするものである。学校経営は教育活動について、直接かかわる者、直接ではないがそれを支援する者、対外的な渉外や折衝に当たる者が、互いに知恵を出し合い、教育活動での「計画」「実践」「評価」を行うものである。すなわち、学校経営は教職員全員が学校経営の一翼を担う。教職員に、この認識が薄い場合である。

多くの都市で、多くの学校が、自校の校内評価を試みてきた。そのなかで、教職員の校内評価として、学校経営の要因を明確にし、評価項目も分かりやすく洗練され、集計では多面的な考察が可能な学校評価システムが開発されているものがある。

「学校経営診断カード」がそれである。このカードは昭和五四年に開発され、必要に応じて改善が図られたが、今日でも多くの学校が活用している。『月刊教職研修』(教育開発研究所発行)に全国で実践された学校評価の事例が掲載されているので参照されたい。

この診断カードでは、学校経営を①目的的要因、②組織運営的要因、③人間的要因、④組織風土的要因の四つの要因に分けている。

①目的的要因――学校教育目標に関係した条件・要素である。学校経営は、学校教育目標の効果的達成をねらいとしている。その達成に向けて、次のような内容を診断している。

・学校教育目標が明確化しているか
・経営目標が明確化しているか
・目標系列の系統性等は整理されているか
・目標の具体化や具現化の方策はあるか
・目標達成への努力をしているか
・目標達成への協働意欲はあるか　等

②組織運営的要因――学校の内部組織の状況を診断する。学校運営に関連した組織の条件や組織の要素を診断している。

・授業や教育課程の進行は、組織として円滑に進行しているか
・校務分掌の作成は機能的か
・学校運営組織は機能しているか　等

③人間的要因――教職員の能力・資質、特技の発揮や役割分担に関係した条件整備の状況を診断している。

・教職員の能力が発揮できているか
・教職員の適性に応じた活動ができているか

・教職員の特性が発揮されているか
・教職員は意欲的に活動しているか
・教職員の欲求は満たされているか
・教職員相互の人間関係は円滑であるか　等
④組織風土的要因――学校全体の雰囲気に関係した条件や各種の要素を診断している。
・学校の慣行はどのような状況か
・学校には適当な規範意識が働いているか
・学校の校風を教職員は満足しているか
・学校に独特の学校文化が存在するか
・学校の全体的ムードはどうか
・学校の体質や環境を教職員はどう感じているか　等

前述の四つの要因ごとに一〇の設問を設け、計四〇の設問を設定した。各要因について、教職員が自分の勤務する学校をどのように診断（評価）しているのか見極めるのである。

設問の作成には研究会で数多くの議論を重ね、仮説を立てては、数校に事前の実施協力を依頼し、統計的に判断でき、しかも傾向が読み取れる質問項目にしていったという。

たとえば、「目的要因」で評価する内容は「学校教育目標の明確さ」「学校教育目標と学校経営目標の関連」等の目標自身を問うもの、「目標に迫る過程」「目標に迫る系統性」等の見通し、また、教職員自身が「目標に迫る努力」「目標に迫る協働」等の態度や意識を問うものが含まれている。

(3) 学校評価の具体的な実践

ある学校で「学校経営診断カード」による学校経営診断を実施したところ、「学校教育目標は明確に共通理解されているが、目標に迫る過程が不鮮明であったり、迫ろうとする教職員の意識が弱かったりしている」ことがカード実施の結果から読み取れた。

●具体事例――A市立B校の総合的な評価

「学校経営診断カード」の四つの要因を集計して、その平均点を算出すると、各要因の平均数値は多様になる。これらの多様な数値を精査すると、学校経営では何種類かの傾向が統計的に出現した。

たとえば、目的的要因、組織運営的要因、組織風土的要因の平均点は同じような傾向を示したが、人間的要因の平均点はかなり高い結果が出た事例がある。この学校の教職員は、「本校の同僚である教職員の資質や特技が高い」と評価している。教職員の資質や特技が生かせれば学校運営組織は活発になるはずである。モラールの高揚も図られ、職場としての学校には教職員同士の切磋琢磨する姿がみえてもよいはずである。結果として学校教育目標に迫る意欲的な姿があるはずである。

ところが、評価の結果には人間的要因ほど高い平均値の出た要因はなかった。この学校の教職員は自分の持っている能力や資質が生かせないので、教職員は意欲を失っている様子がうかがえた。本校は「意欲喪失型」の学校ではないか、と数値を精査してから判断した。

このカードによる診断を実施した校長に確認すると、同様な感想を述べている。校長は「本校には市内でも教科指導の優秀な教員が多く、対外的にも活躍している。将来の指導主事候補も数多くいる。教職員の力量を発揮した校内研究をしたいが、それができない」という。校長が肌で感じていたことが数値に表れた。

経営診断評価をすると、学校の全体的な傾向として「意欲喪失型」のほかに「仕組み軽視型」や「現状維持型」等、一〇種類程度の傾向がみられる。

●学校経営の評価要素

学校経営は学校に勤務する教職員の組織によって行われるものである。そこで、組織が機能するための「P（計画段階）、D（実践段階）、S（反省・評価段階）の流れ」を学校経営を評価する要素として位置づけてある。

また、学校という組織集団に所属している「意識」、所属集団への「理解」、組織集団へ働きかける「意欲」、所属集団への「対応」、さらに組織集団の全体的な雰囲気では「コミュニケーション」の様子を評価要素と考えた。学校経営に参画している教職員に、たとえば次のように設問をしたとする。

「この学校では、目標や計画を達成していない面が多いと思っている」

この設問は目的的要因を診断するもののうちの一項目で、「目標の達成度」を教職員に問うている。この設問には、診断要素として「PDSの流れ」では評価段階を診断し、学校という集団組織の機能状況では「組織に対する教職員の意欲的なかかわり・対応の様子」を診断している。一つの設問には、いくつかの診断要素が取り入れられるよう工夫されている。

たとえば「目標・方針の明確化」と同じ診断要素には「意見の調整」「企画推進」が準備されている。学校教育目標に理解不十分な教職員は、目標の提案に「意見の調整」が不十分だったり、原案として提案されたもの、すなわち「企画推進」に疑問を持っていることが推量できるよう工夫されている。

⑷　学校の第三者評価

学校評価については、前述のように、平成一九年六月の学校教育法の一部改正により、学校評価の実施等にかかる総合的な根拠規定が初めて法律に盛り込まれるとともに、同年一〇月の学校教育法施行規則の一部改正により、自己評価・学校関係者評価の実施・公表、評価結果の設置者への報告に関する規定が設けられた。

これを受け、平成二〇年一月に「学校評価ガイドライン」が作成されたが、第三者評価を活用した学校評価のあり方については、今後さらに文部科学省において検討を深めることとされていた。そのため、「学校の第三者評価のガイドラインの策定等に関する調査研究協力者会議」を設置し、学校の第三者評価のガイドラインの策定に向けた検討を行い、「学校の第三者評価のガイドラインに盛り込むべき事項等について（報告）」がとりまとめられた。文部科学省では、本報告の趣旨を踏まえ、平成二二年七月に「学校評価ガイドライン」の改訂を行った。

文部科学省が示した「学校評価ガイドライン〔平成二二年改訂〕」の改訂のポイント」によれば、新しいガイドラインは、従来の「学校評価ガイドライン〔平成二〇年改訂〕」の基本構成は変更せず、主に学校の第三者評価にかかる内容の追加を行ったものである。そして、「第三者評価の趣旨」については「学校が自ら学校運営を改善し、その教育水準の向上を図るとともに、適切に説明責任を果たして保護者や地域住民等の理解と参画を得て学校づくりを進めていくため、自己評価や学校関係者評価に加えて、第三者評価を導入することにより、学校評価全体の充実を図る」ものとしている。

また、第三者評価とは「学校教育法に規定されている学校評価の一環として、学校とその設置者が実施者となり、学校運営に関する外部の専門家を中心とした評価者により、教育活動その他の学校運営の状況について、専門的視点から評価を行うもの」であると述べている。

次に第三者評価の「評価者」「実施」「評価結果」については、次のように示している。

●第三者評価の評価者

・学校運営について専門的視点から評価を行うことができる者（例えば、教育学を専門とする大学教授、校長経験者など）の中から、実施者がふさわしい識見や能力を有すると判断した上で選定

●第三者評価の実施

・実施者が実施時期・日程、評価項目等を決定し、評価者が授業の観察等により評価
・各学校の目標の設定・達成に向けた取組状況など学校運営の在り方について評価し、学校の優れた取組や今後の学校運営の改善につなげるための課題や改善の方向性等を提示
・過度に学校の事務負担が増えないように配慮する

●第三者評価の評価結果

・評価者が責任を持って評価結果の取りまとめを行う
・評価結果は、評価対象校及び設置者等に報告
・学校は、評価結果を踏まえて、自ら学校運営の改善に努めるとともに、評価結果を学校関係者に説明、情報提供（広く公表することについては慎重に対応）
・設置者は、評価結果を踏まえて、学校の支援や必要な改善措置を講ずる

資　料

●公文書の作成

一般に公文書とは、「国や地方公共団体の機関または公務員が、その職務上作成した文書」をいう。学校は行政機関に文書を提出することがあるが、その文書の作成は各地方自治体が制定している「公用文作成要領」によることになっている。また、行政機関からくる公文書は公用文作成の要領」等に準拠して記載されている。

公文書を読んだり作成したりすることが教員には多い。公用文の作成にあたっては、「常用漢字表」（平成二二年内閣告示第二号）、「現代仮名遣い」（昭和六一年内閣告示第一号）、「送り仮名の付け方」（昭和四八年内閣告示第二号）、「外来語の表記」（平成三年内閣告示第二号）のほか、公用文の統一性を保持するための基準である「公用文改善の趣旨徹底について（依命通知）」（昭和二七年四月四日付内閣閣甲第一六号）等により、分かりやすい用字用語で的確かつ簡潔に記載する必要がある。また、上記の告示等を基にして、各都道府県や市町村が「公文書の作成」や「公文書の取り扱い」を「各地方自治体の規則」として制定している。各地方自治体により多少の違いはある。

日頃の公文書作成には当該市町村の規則に準拠することが望まれる。ここでは、資料として「公用文改善の趣旨徹底について」を掲載する。これからの文書作成にあたって、教育委員会への提出文書はもとより、保護者、地域への連絡やお願い文等を作成する場合の参考にしてほしい。

公用文改善の趣旨徹底について

内閣閣甲第一六号

昭和二七年四月四日

各省庁次官宛て

内閣官房長官

公用文改善の趣旨徹底について（依命通知）

標記の件について、客年国語審議会から、別紙のとおり建議がありましたが、そのうち同会の審議決定した「公用文作成の要領」は、これを関係の向に周知徹底せしめることは、公用文改善の実をはかるため適当のことと思われるので、貴部内へ周知方しかるべく御配意願います。

（別紙）

公用文作成の要領

まえがき

公用文の新しい書き方については、昭和二一年六月一七日に「官庁用語を平易にする標準」が次官会議で申し合わせ事項となった。その後、次官会議および閣議では、公用文改善協議会の報告「公用文の改善」を了解事項とし、昭和二四年四月五日にそれを「公用文作成の基準について」として内閣官房長官から各省大臣に依命通達した。この「公用文の改善」は、いうまでもなく、さきに出た「官庁用語を平易にする標準」の内容を拡充したものである。しかし、具体的な準則としては、なお、「官庁用語を平易にする標準」その他から採って参照すべき部分が少なくない。そこで、国語審議会では、これらを検討し、必要な修正を加え、「公用文の改善」の内容を本文とし、他から採ったものを補注の形式でまとめ、ここに「公用文作成の要領」として示すこととした。

公用文を、感じのよく意味のとおりやすいものとするとともに、執務能率の増進をはかるため、その用語用字・文体・書き方などについて、特に次のような点について改善を加えたい。

第1　用語用字について

1　用語について

1　特殊なことばを用いたり、かたくるしいことばを用いることをやめて、日常一般に使われているやさしいことばを用いる。（×印は、常用漢字表にない漢字であることを示す。）

たとえば

　稟請→申請　措置→処置・取扱い　救援する→救う　懇請する→お願いする

　一環として→一つとして　充当する→あてる　即応した→かなった

2　使い方の古いことばを使わず、日常使いなれていることばを用いる。

たとえば

　牙保→周旋・あっせん　彩紋→模様・色模様

3　言いにくいことばを使わず、口調の良いことばを用いる。

たとえば

　拒否する→受け入れない　はばむ→さまたげる

4　音読することばはなるべくさけ、耳で聞いて意味のすぐわかることばを用いる。

たとえば

　橋梁→橋　塵埃→ほこり　眼瞼→まぶた　充填する→うめる・つめる　堅持する→かたく守る

　陳述する→のべる

5　音読することばで、意味の2様にとれるものは、なるべくさける。

たとえば

協調する（強調するとまぎれるおそれがある。）→歩調を合わせる　勧奨する（干渉する）→すすめる
衷心（中心）→心から　潜行する（先行する）→ひそむ　出航（出講）→出帆・出発

6　漢語をいくつもつないでできている長いことばは、むりのない略し方をきめる。
たとえば
経済安定本部→経本　中央連絡調整事務局→連調

7　同じ内容のものを違ったことばで言い表わすことのないように統一する。
たとえば
提起・起訴・提訴　口頭弁論・対審・公判

2　用字について

1　漢字は、常用漢字表による。
(1)　常用漢字表を使用するにあたっては、特に次のことがらに留意する。
1　（省略）
2　外国の地名・人名および外来語は、かたかな書きにする。（一部省略）
たとえば
イタリア　スウェーデン　フランス　ロンドン　等
エジソン　ヴィクトリア　等
ガス　ガラス　ソーダ　ビール　ボート　マージャン　マッチ　等
ただし、外来語でも「かるた」「さらさ」「たばこ」などのように、外来語の意識のうすくなっているものは、ひらがなで書いてよい。
3　動植物の名称は、常用漢字表で認めている漢字は使ってもよい。（一部省略）

たとえば

ねずみ　らくだ　いぐさ　からむし　等

犬　牛　馬　桑　桜　等

4　（省略）

(2)　常用漢字表で書き表わせないものは、次の標準によって書きかえ、言いかえをする。

（言いかえをするときは、「**1　用語について**」による。）

1　かな書きにする。（一部省略）

たとえば

ア　佃煮→つくだ煮　艀→はしけ　看做す→みなす

イ　漢語でも、漢字をはずしても意味のとおる使いなれたものは、そのままかな書きにする。

たとえば

でんぷん　あっせん　等

ウ　他に良い言いかえがなく、または言いかえをしてはふつごうなものは、常用漢字表にはずれた漢字だけをかな書きにする。

たとえば

改竄→改ざん　口腔→口こう

この場合、読みにくければ、音読する語では、横に点をうってもよい（縦書きの場合）。

2　常用漢字表中の、音が同じで、意味の似た漢字で書きかえる。（一部省略）

たとえば

車輛→車両　煽動→扇動　碇泊→停泊　編輯→編集　抛棄→放棄　傭人→用人

3 同じ意味の漢語で言いかえる。（一部省略）

聯合→連合　煉乳→練乳

ア 意味の似ている、用い慣れたことばを使う。

たとえば

印顆→印形　改悛→改心

イ 新しいことばをくふうして使う。

たとえば

罹災救助金→災害救助金　剪除→切除　擾乱→騒乱　溢水→出水　譴責→戒告

瀆職→汚職

4 漢語をやさしいことばで言いかえる。（一部省略）

たとえば

庇護する→かばう　牴触する→ふれる　漏洩する→漏らす　酩酊する→酔う　趾→あしゆび

2 かなは、ひらがなを用いることとする。かたかなは特殊な場合に用いる。

注1 地名は、さしつかえのないかぎり、かな書きにしてもよい。

2 事務用書類には、さしつかえのない限り、人名をかな書きにしてもよい。

3 外国の地名・人名および外来語・外国語は、かたかな書きにする。

4 左横書きに用いるかなは、かたかなによることができる。

3 （省略）

3 法令の用語用字について

1 法令の用語用字についても、特にさしつかえのない限り、「**1 用語について**」および「**2 用字につい**

て」に掲げた基準による。

2 法令の一部を改正する場合および法令名を引用する場合には、特に、次のような取扱いをする。

(1) 法令の一部を改正する場合について

1 文語体・かたかな書きを用いている法令を改正する場合は、改正の部分が一つのまとまった形をしているときは、その部分は、口語体を用い、ひらがな書きにする。

2 にごり読みをすべきかなに、にごり点をつけていない法令を改正する場合は、改正の部分においては、にごり点を付ける。

3 常用漢字表の通用字体を用いていない法令を改正する場合は、改正の部分においては、常用漢字表の通用字体を用いる。

4 旧かな遣いによる口語体を用いている法令を改正する場合は、改正の部分においては、現代仮名遣いを用いる。

5 (省略)

(2) 法令名を引用する場合について

題名のつけられていない法令で、件名のある法令を引用する場合には、件名の原文にかかわらずその件名はひらがなおよび現代仮名遣いによる口語体を用い、漢字は、常用漢字表による。

4 地名の書き表わし方について

1 地名はさしつかえのない限り、かな書きにしてもよい。

2 地名をかな書きにするときは、現地の呼び名を基準とする。ただし、地方的なまりは改める。

3 地名をかな書きにするときは、現代仮名遣いを基準とする。(ふりがなの場合も含む。)

4 特に、ジ・ヂ、ズ・ヅについては、区別の根拠のつけにくいものは、ジ・ズに統一する。

5　さしつかえのない限り、常用漢字表の通用字体を用いる。常用漢字表以外の漢字についても、常用漢字表の通用字体に準じた字体を用いてもよい。

5　人名の書き表わし方について

1　人名もさしつかえのない限り、常用漢字表の通用字体を用いる。

2　事務用書類には、さしつかえのない限り、人名をかな書きにしてもよい。人名をかな書きにするときは、現代仮名遣いを基準とする。

第2　文体について

1　公用文の文体は、原則として「である」体を用いる。ただし、公告・告示・掲示の類ならびに往復文書（通達・通知・供覧・回章・伺い・願い・届け・申請書・照会・回答・報告等を含む。）の類はなるべく「ます」体を用いる。

注1　「だ、だろう、だった」の形は、「である、であろう、であった」の形にする。

2　「まするが、まするけれども」は、「ますが、ますけれども」とする。「ますれば、くださいませ（－まし）」の表現は用いない。

3　打ち消しの「ぬ」は、「ない」の形にする。「ん」は、「ません」のほかは用いない。「せねば」は、「しなければ」とする。

2　文語脈の表現はなるべくやめて、平明なものとする。

注1　口語化の例

これが処理→その処理

せられんことを→されるよう

ごとく・ごとき→のような・のように

進まんとする→進もうとする
貴管下にして→貴管下で（あって）
2　「おもなる・必要なる・平等なる」などの「なる」は、「な」とする。ただし、「いかなる」は用いてもよい。
3　「べき」は、「用いるべき手段」「考えるべき問題」「論ずべきではない」「注目すべき現象」のような場合には用いてもよい。「べく」「べし」の形は、どんな場合にも用いない。「べき」がサ行変格活用の動詞に続くときには、「するべき」としないで「すべき」とする。
4　漢語につづく、「せられる、せさせる、せぬ」の形は、「される、させる、しない」とする。「せない、せなければ」を用いないで、「しない、しなければ」の形を用いる。
5　簡単な注記や表などの中では、「あり、なし、同じ」などを用いてもよい。
例　「配偶者……あり」
「ムシバ……上1、下なし」
「現住所……本籍地に同じ」
3　文章はなるべくくぎって短くし、接続詞や接続助詞などを用いて文章を長くすることをさける。
4　文の飾り、あいまいなことば、まわりくどい表現は、できるだけやめて、簡潔な、論理的な文章とする。
敬語についても、なるべく簡潔な表現とする。
注1　時および場所の起点を示すには、「から」を用いて、「より」は用いない。「より」は、比較を示す場合にだけ用いる。
例　東京から京都まで。
午後1時から始める。

恐怖から解放される。
長官から説明があった。

2　推量を表わすには「であろう」を用い、「う、よう」を用いない。「う、よう」は意志を表わす場合にだけ用いる。

例　役に立つであろう
そのように思われるであろうか　｝推量
対等の関係に立とうとする
思われようとして　｝意志

3　並列の「と」は、まぎらわしいときには最後の語句にも付ける。

例　横浜市と東京都の南部との間

4　「ならば」の「ば」は略さない。

5　文書には、できるだけ、一見して内容の趣旨がわかるように、簡潔な標題を付ける。また、「通達」「回答」のような、文書の性質を表わすことばを付ける。

注　例　公団の性質に関する件→公団の性質について（依命通達）
閣議付議事項の取扱について→1月27日閣甲第19号第6項の責任者について（回答）

6　内容に応じ、なるべく箇条書きの方法をとりいれ、一読して理解しやすい文章とする。

第3　書き方について

執務能率を増進する目的をもって、書類の書き方について、次のことを実行する。

1　一定の猶予期間を定めて、なるべく広い範囲にわたって左横書きとする。

2　左横書きに用いるかなは、かたかなによることができる。

3　左横書きの場合は、特別の場合を除き、アラビア数字を使用する。

注1　横書きの文書の中でも「一般に、一部分、一間（ひとま）、三月（みつき）」のような場合には漢字を用いる。

「100億、30万円」のような場合には、億・万を漢字で書くが、千・百は、たとえば「5千」「3百」としないで、「5,000」「300」と書く。

2　日付は、場合によっては、「昭和24.4.1」のように略記してもよい。

3　大きな数は、「5,000」「62,250円」のように三けたごとにコンマでくぎる。

4　タイプライタの活用を期するため、タイプライタに使用する漢字は、常用漢字表のうちから選んださらに少数の常時必要なものに限り、それ以上の漢字を文字盤から取り除くことなどに努める。ぜひとも文字盤にない漢字を使用する必要がある場合には、手書きする。

5　人名・件名の配列は、アイウエオ順とする。

注1　文の書き出しおよび行を改めたときには1字さげて書き出す。

2　句読点は、横書きでは「，」および「。」を用いる。

事物を列挙するときには「・」（なかてん）を用いることができる。

3　同じ漢字をくりかえすときには「々」を用いる。

4　項目の細別は、たとえば次のような順序を用いる。

（横書きの場合）

第1	1	(1)	ア	(ア)
第2	2	(2)	イ	(イ)
第3	3	(3)	ウ	(ウ)

（縦書きの場合）第一　一　1　(一)　(1)　ア
第二　二　2　(二)　(2)　イ
第三　三　3　(三)　(3)　ウ

5　文書の宛て名は、たとえば「東京都知事殿」「文部大臣殿」のように官職名だけを書いて、個人名は省くことができる。

●江戸時代の「私塾の指導者」

江戸時代の学校には、大名がつくった「藩校」があった。また、庶民の生活レベルが向上して「寺子屋」で多くの庶民が学習するようになった。

「藩校」と「寺子屋」の中間の存在として、多くの私塾が開設された。私塾からは多くの有能な人材が輩出した。幕府は私塾の経営や教授内容に干渉しなかったので、私塾の個性が多くの塾生を集めた。塾生は全国から集まってきた。江戸時代の学校教育の特色である。主な私塾の指導者を掲載しておく。

＊貝原益軒（かいばら　えきけん　一六三〇～一七一四）

江戸時代の本草学者、儒学者。

筑前国（現在の福岡県）福岡藩士の子として生まれる。

幼少から読書をし、非常に博識であった。自分の足、目、手を使い、試食する等の実証主義者である。

主な教育関係の著書には『養生訓』、『和俗童子訓』、『五常訓』がある。とくに、『和俗童子訓』では、早期教育論を展開し、年齢に応じた教育方法を説いている。

その他に本草書として、『大和本草』、『菜譜』、『花譜』を著している。また、思想関係や紀行文もある。

＊伊藤仁斎（いとう　じんさい　一六二七～一七〇五）

江戸時代前期の儒学者、思想家。

京都堀川に古義堂を開く。孔子や孟子の時代の学問に学ぶ価値を見出し、門弟には各自で孔子や孟子の学問研究を勧める。門弟には研究発表の場を設け、互いに議論し合う学習塾であった。仁斎は、人間諸徳の根源は「知性」「意志」「情感」を含めた「仁」にあると説いた。塾では実証主義的な方法を用いた。

主な著書に『論語古義』『孟子古義』等がある。

＊荻生徂徠（おぎゅう　そらい　一六六六～一七二八）

江戸時代中期の儒学者。私塾蘐園塾（けんえんじゅく）を開いた。門弟の自主性を重んじた学習指導を展開し、教師中心の講義方式の学習をとりやめた。その後、蘐園塾からは多くの有能な人材が輩出した。

五代将軍・徳川綱吉側近の幕府側用人・川越藩主である柳沢吉保に抜擢される。赤穂事件では、赤穂浪士の処分に多くの者が賛美助命論を展開したが、徂徠は義士切腹論を主張した。

＊石田梅岩（いしだ　ばいがん　一六八五～一七四四）

江戸時代の思想家。石門心学の創始者。

「士・農・工・商」は人間としての価値の上下を意味するものではないと説く。自宅で無料講座を開き、「石門心学」を説いた。男子のみ塾生にしたが、聴講を望む婦女子のために障子越しの別室にて拝聴を許した。

塾生のなかから、斎藤全門、大島有隣等の優れた人材を輩出した。

＊広瀬淡窓（ひろせ　たんそう　一七八二～一八五六）

江戸時代の儒学者で、教育者。豊後国日田で江戸時代最多の塾生を指導した。

日田の長福寺に塾を開き、咸宜園と呼んだ。咸宜園は「平等主義」「実力主義」を説いた私塾で、入門者が入塾する場合は、年齢、身分、学歴を問わない「三奪の法」と、入門後は成績を厳正に評価して公表する「月担評」（げったんひょう）を実施した。入門者は延べ四、〇〇〇人を超える日本最大級の私塾となった。

＊緒方洪庵（おがた　こうあん　一八一〇～一八六三）
江戸時代末期の儒学者、医者、教育者で、大坂に「適塾」を開いた。医者と庶民が机を並べて一緒に学んだところに特色がある。天然痘治療に貢献し、日本の近代医学の祖といわれる。

適塾から福澤諭吉、大鳥圭介、橋本左内、大村益次郎、長与専斎、佐野常民、高松凌雲など幕末から明治維新にかけて活躍した多くの人材を輩出した。

＊吉田松陰（よしだ　しょういん　一八三〇～一八五九）
長州藩士、思想家、教育者。明治維新の精神的指導者・理論家。幼名は虎之助。

叔父の玉木文之進が開いた松下村塾で指導を受け、後に塾を引き継ぐ。

人間の性は善であるとし、共に学ぶ態度を重視した。個性を大切にするとともに平等主義を説いた。

江戸で佐久間象山に師事。「象門の二虎」と褒められている。二虎とは、吉田虎之助と越後長岡藩の小林虎三郎で、「米百俵」で有名である。

【著者略歴】

宮田　進（みやた　すすむ）

1940年生まれ。横浜国立大学卒業。川崎市立学校教諭、教頭、校長。この間に、教育研究所研究員、調査員、指導主事を務める。川崎市立学校校長会長、川崎市教育委員会教育委員長等を歴任。現在、NPO法人教育活動総合サポートセンター理事長。

片山　世紀雄（かたやま　せきお）

1940年生まれ。茨城大学卒業。川崎市立学校教諭、教頭、養護学校長。この間に、教育研究所研究員、指導主事、研究室長等を務める。川崎市立学校特別支援学校長会長、神奈川県特別支援学校長会長等を歴任。現在、NPO法人教育活動総合サポートセンター副理事長。

教育経営入門
――学校の実践事例を中心に――

2012（平成24）年4月1日　初版発行

著　者　宮田進／片山世紀雄
発行者　福山孝弘
発行所　㈱教育開発研究所
東京都文京区本郷2-15-13
TEL. 03-3815-7041
印　刷　第一資料印刷㈱

ISBN978-4-87380-428-6